El hombre
IKIGAI

La felicidad de vivir con propósito

#IKIGAI

#vivirFELIZ

#VIVIRconPROPÓSITO

#vivirFELIZconPROPOSITO

El hombre IKIGAI
La felicidad de vivir con propósito
3 pasos para transformarse y cambiar el mundo

#IKIGAI
#vivirFELIZ
#VIVIRconPROPÓSITO
#vivirFELIZconPROPOSITO

Autor: Gonzalo-Félix Jawara
            www.felixjawara.com
            @FelixJawara (Twitter, Instagram y Facebook)

Editora: Barbara Gittings Editorial
            Federación Andaluza Arco Iris
            www.federacionarcoiris.com

ISBN: 9798625182553 (1ª edición)
            Ya disponible la 2ª edición publicada por Gonzalo-Félix Jawara
            con el título "IKIGAI. La felicidad de vivir con propósito"

Prólogo: Fernando Gálligo Estévez

Diseño e ilustraciones:
            Fer F. García
            Rafael Varón

Corrección de estilo y ortografía:
            Eliezer Godoy Tapia
            Consuelo Díez Bedmar
            Mercedes Molina Moreno
            Ana Belén Cerezo Cantero
            José Antonio Alfaro Gómez
            Rafael Fernando Yusta Herrador

Barbara Gittings Editorial
Federación Andaluza **Arco Iris**
www.federacionarcoiris.com

GONZALO-FÉLIX JAWARA

Cofundador y presidente de la Federación Andaluza Arco Iris de asociaciones por la tolerancia y el respeto a la diversidad, actualmente acompaña a personas, parejas y grupos en procesos de coaching transpersonal y facilita talleres para alumnado, profesorado y familias en centros educativos. También imparte formación para agentes policiales y personal de instituciones y empresas en los ámbitos social y deportivo.

Nacido en 1976 en Linares, Jaén, terminó en 2001 los estudios de Ingeniería Superior de Telecomunicación por la Universidad de Málaga. Tras vivir en Inglaterra, Alemania y Francia y trabajar en varias multinacionales, en el curso 2006 volvió a Andalucía para comenzar una doble aventura: trabajar como profesor de secundaria y dinamizar el activismo lgbti+ en zonas rurales.

En el ámbito educativo, ha impartido las asignaturas de Inglés, Francés, Alemán, Italiano y Cambios Sociales en institutos de las provincias de Cádiz, Córdoba, Granada, Málaga y Jaén, así como en la Escuela de Artes de Úbeda y en el Conservatorio Profesional de Música de Sevilla.

En el ámbito asociativo, sintió interés en la adolescencia por el activismo eco-feminista y, desde entonces, ha colaborado con Greenpeace, Amnistía Internacional, WWF/Adena, Fundación Vicente Ferrer, Acógeles, Médicos Sin Fronteras, El Martinete, Colega y Som Energía.

Puedes seguir a Gonzalo-Félix Jawara en Twitter, Instagram y Facebook: @FelixJawara

GRACIAS,

Marian, compañera de camino y tribu,
... por co-crear el espacio en el que me permití volver a abrir el corazón.

Saúl, hijo y catalizador,
... por iniciarme en el viaje alucinante de la inteligencia emocional.

Mamá, ejemplo de entrega y compromiso,
... por mostrar que la transformación personal es posible... e inevitable.

Papá, referente de ilusión y alegría,
... por guiarme al camino de la transparencia, la honestidad y la verdad.

Isabel, Cristóbal, Candela, Nany, David, Mauro, Sofía y Manuel,
... por aconsejarme, protegerme, acompañarme y jugar conmigo.

Arturo, Damien, Antonio, Gabri, Xevi, Ahmet, Ale y Tanner
... por enseñarme que el amor vive en mí y no necesito buscarlo fuera.

Jean Paul, Graciela, Máximo, África, Rosa, Toñi, Andy, Laura, José...
... por facilitar en mí la sanación, el equilibrio y la alegría de vivir.

María, Felipe, Carmen, Pedro, Maribel, Gilbert, Cobos, Maxi, Leo, Spif...
... por inspirarme y seguir aportándome energía desde otro lugar.

Esther, Tania, Felipe, Mari, Alfonso, Leonor, Basak, Aitor, Emy, Isabel...
... por el cariño y enseñarme a tomar mis decisiones desde el corazón.

Simba, Miki, Tiki, BlueStar, Bhaskara, Jon... y todas las hadas radicales,
... por ayudarme a sentir de nuevo la magia de la vida.

Elena, Raquel, Lorena, Olga, Eliezer, Nhoa, Carmen, Irene, Miriam, Maca,
Fernanda, Vito, Asun...
... por ser para mi ejemplo de mujeres de un nuevo tiempo.

Juanjo, Eduardo, Rafa, Octavio, Jose, Chus, Luis, Jorge, Pedro, José Ángel,
Fernando, Alberto, Damián...
... por compartir conmigo sus vivencias como "hombres nuevos".

Ricardo, Regina, Juanjo, Paloma, Vizcaíno, Sonia, Alberto, Bea, Mari Pepa,
Paqui, Anabel, Carlos, Ruth, Toñi, Maribel...
... por ayudarme a confiar en mí, en la vida y en la humanidad.

Rafa, Sandra, Fer, Espe, Jonathan, Ana, Miguel, Maria, Javi, Andrea, Lis,
Carmen, David, Celia, Jose, Lurdes, Gonzalo, Patri, Beto, Dani...
... por sostener la familia Arco Iris, red de apoyo y transformación.

Consuelo, Manuel, Merche, Martín, Rosa, Luis, José Antonio, Maribel, Eduardo, Susana, Bea, Emilio, Visi, Oscar, Marta, Fran, María, Cristóbal, Celia, Carmen, Antonio, Mercedes...
... por facilitar mi propósito de vida al invitarme a impartir talleres.

Gentes de Algatocín y de su instituto: Esmeralda, Ramón, María José, Marcos, Pepa, Fran, Inma, Sergio, Dama, Juan, María del Mar, Donda, Luna, José, María...
... por el apoyo, el cariño y los momentos de complicidad.

Mi SER, consciencia infinita,
... por regalarme esta experiencia maravillosa en este hermoso lugar.

¡¡¡GRACIAS!!!

PRÓLOGO

Por **Fernando Gálligo Estévez**
... Creativo, escritor, psicólogo y sexólogo

Con el título de "IKIGAI: La Felicidad de Vivir con Propósito" y bajo la autoría de Gonzalo-Félix Jawara nos encontramos con un libro íntimo en el que, desde su experiencia vital personal, el autor nos desvela las que han sido sus claves en el encuentro interior con la propia felicidad a través de una larga e intensa trayectoria: desde sus inquietudes adolescentes hasta su madurez personal actual.

Navegando por el crecimiento personal

Con este libro comenzamos un fructífero y sincero viaje íntimo en el que nos describe en su "cuaderno de bitácora" su exploración y reencuentro personal a través del viaje por cuatro islas. Como complemento en cada etapa de la fructífera travesía nos aporta varios recursos prácticos para facilitarnos el viaje interior al que nos invita a realizar, además de sugerencias de audios, canciones, cortos, películas y videoclips.

La Revolución Interior

El autor se reinventa en su propia Revolución Interior, quizá la única que podamos hacer todas las personas y, sobretodo, la que más merece realizarse día a día. Se desnuda como una cebolla a la que se deben ir quitando capas para llegar al núcleo principal, así lo hace desde el reconocimiento inicial de necesitar ser aceptado, especialmente por su familia, hasta su continua reflexión sobre el descubrimiento del Ikigai, nombre japonés de la "razón de ser" o "camino de la felicidad". Nos invita a que le acompañemos deseándonos "Buen Viaje", dejándonos fluir desde nuestras intuiciones, trabajando desde nuestro interior y disfrutando con ésta gran aventura vital, con una propuesta detallada de hábitos para una vida saludable y motivaciones para una vida consciente.

Libro personal y colectivo

El libro es también biográfico y pedagógico de forma paralela, relacionando etapas de la vida del autor con las descripciones que hace en su propuesta de viaje iniciático para el descubrimiento y optimización de cada persona. Es especialmente un libro muy enriquecedor para cualquier persona deseosa de mejorar su vida y ser feliz en armonía con los demás seres para encontrarse en paz consigo misma viviendo intensamente en el continuo presente. Recomiendo su lectura con calma y actitud abierta, reflexionando sobre sus aportaciones, tomando notas y subrayando las ideas más significativas, ya que se trata de un libro denso y ambicioso que constituye una larga travesía de sugerencias para el crecimiento y desarrollo personal.

ÍNDICE

Gonzalo-Félix
Gracias
Prólogo
Intención
Presentación
Cuaderno de bitácora

Al final de cada una de las cuatro islas:
    Ideas fuerza.
    Integración.
    Recursos on-line.

Al final del libro:
    Otras obras del autor.

INTENCIÓN

En la superficie del mundo todavía hay mucho ruido y violencia. A la vez algo está sucediendo en lo profundo. Una **revolución interior** está teniendo lugar en muchas personas, una revolución silenciosa de dentro hacia fuera, desde abajo hacía arriba, que está ya **cambiando el mundo**.

Con el poder de **mente y corazón** descubro mi propósito vital, escucho mi **guía interior** y comienzo a expresarme de manera auténtica para **ser el cambio que quiero ver en el mundo**, superando viejos modelos como el patriarcado.

Una gran amiga me dijo un día: "Nos pasamos la primera mitad de la vida **construyendo una personalidad** para después tener que **deconstruirla**, volver a encontrarnos con nuestra esencia y encontrar de nuevo la **felicidad** que sentíamos perdida".

Imagínate una **cebolla** que al crecer va incorporando capas en torno a su corazón. En cada capa puede haber varias **heridas** y, aun así, la cebolla sigue **creciendo**. El gran drama es que durante la construcción de las capas sucesivas llegamos a identificarnos con ellas, sin ni siquiera ser conscientes de nuestras heridas, y olvidamos, incluso, que es en el fondo donde está nuestra esencia, el corazón. Mi propuesta es pelar la cebolla, **curar** mis heridas y quitar todas las capas hasta **llegar al corazón** para, desde él, **entender mi propósito** vital y asumir mi propia transformación como manera de cambiar el mundo.

Los ejemplos que comparto en este libro surgen de mi experiencia como **profesor** de secundaria, como **padre** de acogida, como **activista** en los movimientos eco-feminista y pro derechos humanos de lesbianas, gays, bi, trans, intersex... (lgbti+) y muchas de las propuestas y recomendaciones están llamadas a ser especialmente útiles y significativas para **profesorado**, jóvenes, padres y **madres**, activistas, **hombres** dispuestos a superar la masculinidad tradicional... y, en general, cualquier persona que quiera ampliar su visión del mundo, abriendo mente y corazón.

Hay millones de libros, teorías y visiones del mundo. Aquí comparto la mía, la que tengo en este momento, porque siento que compartirla forma parte de una llamada a **realizar mi propósito de vida,** también en forma de libro.

<u>PRESENTACIÓN</u>

Algatocín, 11/11/19. Empezaré contándote algo muy personal y reciente: hace una semana he renunciado a "mi" puesto de trabajo como profesor de secundaria en la Junta de Andalucía. Al dar el paso sentí miedo... lo escuché y le permití disolverse. ¡Ahora ya no siento miedo al futuro! Al contrario, **siento la libertad y la felicidad** de quien hace lo que sabe que debe hacer.

Hoy, sin un puesto de trabajo fijo, siento una gran confianza en la vida. He empezado a hacer lo que me corresponde en este momento: escribir este libro y prepararme para todas las nuevas aventuras y **maravillas que la vida tiene preparadas** para mí... como continuación a todo lo que ya he vivido.

Hace 13 años me presenté por primera vez a las oposiciones de secundaria por la especialidad de francés con la "ilusión" de trabajar en el sistema educativo para visibilizar la diversidad sexual y ayudar a transformar el sistema. Entonces no era consciente de que **la transformación debía empezar en mí**.

Previamente, en la Universidad de Málaga, había estudiado ingeniería de telecomunicación. Tampoco era consciente entonces de mis **heridas de autoestima** y de mi búsqueda de aceptación paterna. Estudiar "Teleco", en vez de magisterio o filología, suponía para mí adquirir estatus social y familiar. Esa carrera era, además, "causalidades" de la vida, la que mi padre habría deseado estudiar para ascender en el escalafón de su trabajo: Correos.

La semana pasada, tras más de una década dando clases, por fin me atreví a **renunciar al trabajo** de profesor para comenzar a hacer cada día lo que realmente **me apasiona**. Eso sí, con la pequeña ayuda de un herpes en el labio superior de mi boca: ¡el cuerpo avisa!... aunque a veces no queramos escucharlo o no sepamos entenderlo.

La verdad es que nunca disfruté realmente enseñando francés, aunque sí que disfrutaba la labor de profesor porque me permitía realizar en gran parte mi **misión en la vida**: comunicar con otras personas para facilitar mi transformación y la transformación colectiva hacia la **paz**, en relación a la igualdad, la diversidad, el feminismo y la ecología.

Han sido necesarios muchos años de **experiencias**, de desidentificación de las etiquetas que me tenían preso, de aprender a escuchar, entender y gestionar mis emociones, a amarme de verdad y a conectarme con mi felicidad y mi paz interiores. Y aún queda mucho camino para **seguir creciendo**: día a día, paso a paso.

Ahora siento un profundo agradecimiento y por ello también quiero darte las **GRACIAS** a ti por **leer** este libro y compartir este viaje conmigo.

CUADERNO DE BITÁCORA

Aquí iniciamos un viaje en un **barco** muy especial, capaz de **volar** y elevarnos. Para llegar a la isla de la **Libertad**, destino de esta aventura, haremos escala en otras tres: **Identidad**, **Felicidad** y **Pasión**.

En cada una de las islas tendremos la oportunidad de **soltar** lastre para, así, liberarnos de todo aquello que ya no nos sirva. Además, cada ínsula nos ofrecerá una gran variedad de **herramientas** útiles, sencillas y prácticas que nos facilitarán el viaje.

A continuación te presento las cuatro islas por las que vamos a transitar, cada una gobernada por un **elemento diferente**: aire, agua, fuego y tierra.

ISLA DEL AIRE: "Identidad"

El viaje empieza visitando la isla de la identidad para entender cómo he construido mi personalidad y cómo esta me puede limitar y aprisionar. En esta isla, donde el aire es el rey y la **mente** quien gobierna, la intención es ayudarte, si quieres, a **desmontar** tu identidad; y, para ello, me desnudo yo primero y desmonto la mía.

En ese primer capítulo te invito a poner en duda las **etiquetas** con las que yo mismo me he identificado durante muchos años. También reflexiono sobre las etiquetas que hemos creado en el movimiento por el respeto a la **diversidad** sexual y sobre aquellas que asociamos con la **masculinidad**.

Finalmente esta isla muestra el alto **precio** que pagamos los hombres, y toda la sociedad, al hacernos los "**machotes**" y te presento nuevos **modelos** mentales, más sanos y equilibrados.

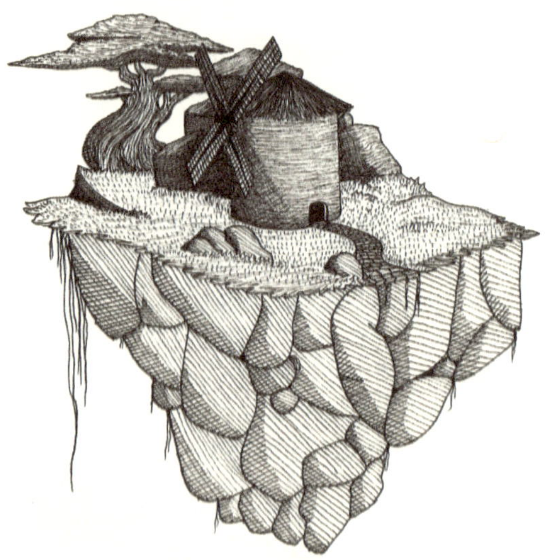

ISLA DEL AGUA: "Felicidad"

El viaje continúa por lagos, cascadas y géiseres de la isla del agua donde escuchar, entender y soltar las **emociones**. El objetivo: desarrollar la inteligencia emocional y aprender maneras de **disfrutar** al máximo de la vida y las **relaciones**.

Con la luna reflejada en las aguas, recurrimos a la ciencia para presentar la "química de la felicidad" y los estados de alerta y **miedo**. En esta isla también abordamos la **violencia** machista, con ejemplos relacionados con el **deporte** y la **policía**, y te propongo los **cuatro acuerdos toltecas**.

Abandonamos la isla con "**Una llamada al Amor**" y nuevos **hábitos** para mantener y facilitar la conexión con tu felicidad y paz interiores: la **feli-disciplina**.

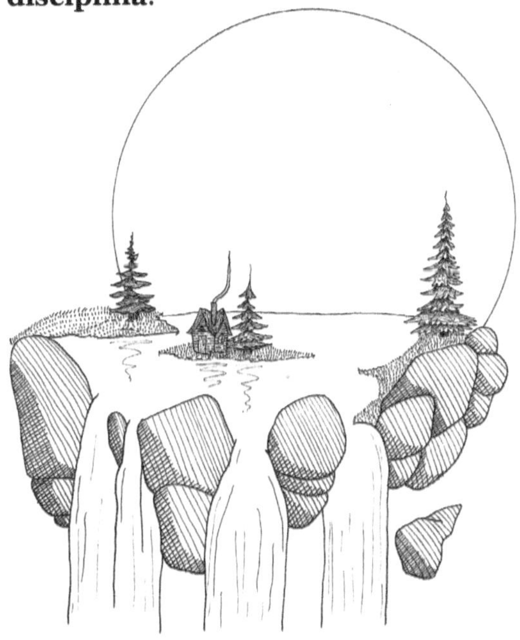

ISLA DEL FUEGO: "Pasión"

La inteligencia existencial nos introduce en la isla del fuego y sus volcanes despiertos, donde el viaje facilita el encuentro con el **IKIGAI**, término japonés traducido habitualmente como **"la razón de ser"** o el "camino de la felicidad".

Gracias al IKIGAI reflexionaremos sobre aquello que **se te da bien**, aquello que **te gusta** y aquello con lo que puedes **contribuir** al mundo. Objetivo: descubrir tu propósito vital, un camino en el que encontrarás todo lo que necesitas… ¡y mucho más!

Saltaremos la trampa social de la **"profesión"**, un agujero en el que especialmente muchos hombres quedan atrapados. Estrategia: visitar tus habilidades y **dones**, reconocer el estado de *flow* (fluir), desvelar tus **pasiones** y descubrir tu **misión** y **visión** de vida al imaginar el mundo que deseas.

ISLA DE LA TIERRA: "Libertad"

En la cuarta isla, destino de mi viaje, el objetivo es **disfrutar** de la **"tierra prometida"**, la realidad que quiero crear. Para ello, reflexiono sobre las **necesidades** humanas y los diferentes niveles de **consciencia** en los que he vivido.

El viaje continúa por mis **bloqueos** y **heridas**, aprendiendo estrategias para liberarme y despertar mi **intuición**.

El gran reto final que asumo en la isla de la libertad: **vivir el presente**, me comprometo a vivir "**aquí y ahora**", fluir con la vida y poner mi **ego al servicio** de mi felicidad y propósito, para mi más alto bien, el del planeta y el de toda la humanidad.

CANTOS DE SIRENAS *VS.* INTUICIÓN:

Entre isla e isla, o incluso en cada una de ellas, es posible que escuches cantos de sirenas en tu interior. En este viaje vamos a aprender a distinguir la voz de tu verdadero yo, tu **intuición**, de esos cantos de sirenas, tu **ego**.

Te propongo que, cada vez que cojas este libro para leerlo, tengas preparado un **cuaderno** o un móvil para escribir todas las **ideas** que se te ocurran en este viaje: pensamientos, sentimientos y emociones que te surjan son **claves** que facilitarán tu auto-descubrimiento y auto-transformación.

MIRAR PARA ADENTRO:

Al atracar en cada isla te plantearé una pregunta, una pregunta de iniciación diferente en cada lugar. Para facilitar tu conexión con tu esencia te animo a **cerrar los ojos** antes de responder. Una vez tengas los ojos cerrados vuelve a hacerte la pregunta para así encontrar la **respuesta en tu interior**.

Es posible que escuches **diferentes voces**. No hace falta debatir ni dudar. Simplemente presta más **atención** a la más calmada y sosegada, aquella que no parece tener prisa ni nada que ganar o perder.

RELAJACIÓN Y DISFRUTE:

Para disfrutar al máximo de este viaje te animo a relajarte antes de poner pie en cada una de sus islas, facilitando que el cerebro y todo el cuerpo tengan lo que más les conviene para iniciar esta experiencia:

Elige un **lugar** agradable y tranquilo en el que leer; coloca tu **espalda** recta y tu **cabeza** erguida, **bebe** un vaso de agua, **respira** profundamente varias veces por la nariz... y **sonríe**, pues aquí y ahora arrancamos el camino a "la felicidad de vivir con propósito".

¡BUEN VIAJE!

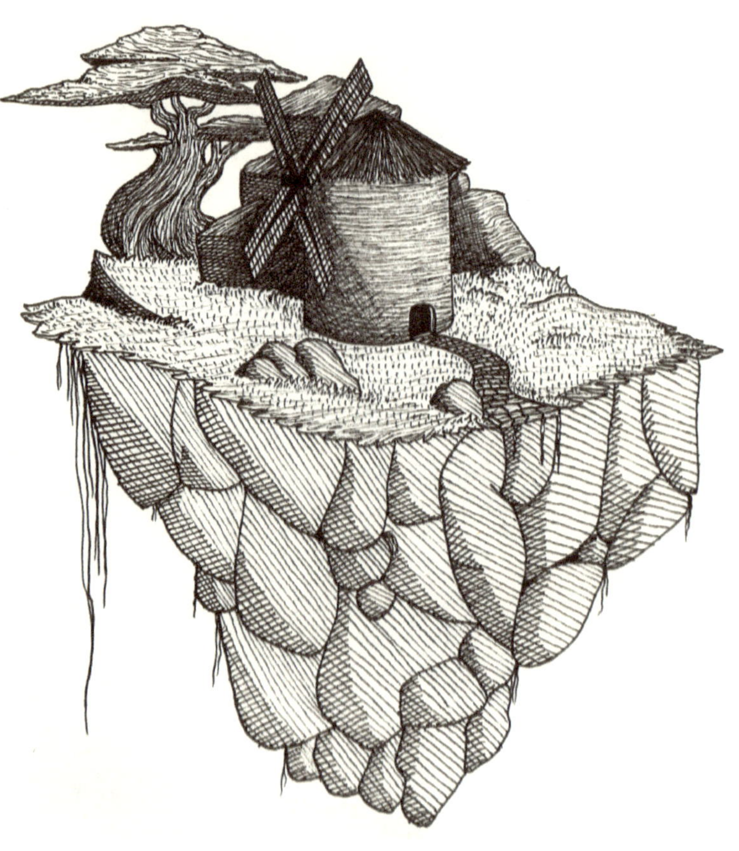

1. <u>ISLA DEL AIRE:</u> "Identidad"

Para empezar me gustaría que cogieras **papel y lápiz**, o el bloc de notas del móvil, y escribieras la siguiente pregunta:

¿Quién soy yo?

Ahora te pido que busques la respuesta **dentro de ti**, con los ojos cerrados. Una vez que la tengas escribe tu respuesta, eso sí... ¡**no sirve** que pongas tu **nombre**! Tú no eres el nombre que te pusieron al nacer... ni el que elegiste después, en el caso de que te lo hayas cambiado. Tu nombre es simplemente cómo te llamas o cómo te llaman otras personas: no es quién eres. Así que ánimo, dime **quién eres tú**:

Yo soy...

Ahora que ya has escrito quién **dices ser**, te planteo otra pregunta para que la escribas en el mismo papel o bloc:

¿Cómo soy yo?

De nuevo se trata del verbo ser y te animo a que respondas a esa pregunta comenzando de la misma manera que antes, contándome **cómo** crees **ser tú**:

Yo soy...

Ahora que ya tienes tus respuestas te invito a conocer las mías a la vez que recorremos las seis etapas de esta primera isla del AIRE y la Identidad:

1.1. Mis **etiquetas**.

1.2. **Diversidad** sexual.

1.3. Hacerse el **machote** sale caro.

1.4. **Hombres** de verdad: mis referentes.

1.5. El **cambio** es posible: El hombre nuevo.

1.6. Nuevo modelo mental: Mi **mente**, mi aliada.

1.1. MIS ETIQUETAS

Hace un tiempo abrí un **perfil** con una aplicación móvil para encontrar **pareja**. Sentía que había llegado el momento de compartir algo más significativo que encuentros frugales. Mi **descripción** en la aplicación empezaba así: "Soy alegre, trabajador, tranquilo...". En otra parte del perfil añadía "Soy profesor, ingeniero, activista, vegano..."

Ahora, al mirar hacia atrás, me parecen curiosos los **adjetivos** que utilizaba y que tan sólo **definían** partes de mi **personalidad**. De hecho, algunos ni siquiera eran totalmente verdad. Por ejemplo, yo a veces no tenía ganas de trabajar, en ocasiones me ponía nervioso y a veces me sentía triste o enfadado... ¡como le pasa a mucha otra gente!

Además ahora soy consciente de que las **etiquetas** que **escogemos** no son casuales: unas respondían a lo que yo creía que la **sociedad** o mi **familia** esperaban de mí... y las escogí en su momento para sentir así que pertenecía al **grupo**, que tenía valor de cara al exterior (profesor, ingeniero...). Las otras en cambio respondían a una **llamada interior**, a mi propósito de vida en conexión con mi esencia: facilitar mi transformación y la transformación colectiva en relación a la igualdad, la diversidad, el feminismo y la ecología (vegano, activista...).

En cualquier caso, durante mucho tiempo me he identificado con estas y otras **etiquetas** sin darme cuenta de que en realidad las etiquetas no definen mi **esencia**, mi ser.

Las etiquetas tan sólo definen lo que **tengo, hago, siento, pienso o prefiero** en ese momento concreto...y que, de hecho, ha ido cambiando con el transcurrir del tiempo.

Tenía, pues, la costumbre de utilizar el **verbo ser** con mucha **ligereza** para referirme a otras cuestiones que, en realidad, no corresponden a la esencia de lo que realmente soy y es **inmutable**. De hecho esta identificación con **características** que bien pueden ser pasajeras o **temporales** había creado en mi mente una idea equivocada sobre quién soy, contribuyendo a encerrarme en mi propia **cárcel** identitaria:

> Si digo "Soy **vegano**"... entonces sólo puedo comer productos de origen no-animal.
> ¿Y si un buen amigo me invita a comer queso ecológico y me apetece aceptarlo?
>
> Si digo "Soy **activista**"... parece que siempre debo estar peleándome con el mundo.
> ¿Y si un día me reconcilio con el mundo, lo acepto y empiezo a cambiar yo?
>
> Si digo "Soy **ingeniero**"... debería estar siempre al tanto de los avances tecnológicos.
> ¿Y si llega un momento en que quiero desconectarme de la tecnología?
>
> Si digo "Soy **profesor**"... entonces debería trabajar siempre como tal.
> ¿Y si algún día descubro que ya no disfruto dando clases de francés y quiero dejarlo?

Pues todo lo anterior ya ha pasado:

¿**Profesor**? Hace una semana me di cuenta de que ya no disfrutaba dando clases y hablé con la dirección del instituto donde trabajaba para organizar mi **renuncia** al puesto y dedicarme a escribir este libro y a hacer actividades más conectadas con mi propósito de vida.

¿**Ingeniero**? Hace varios años decidí irme a vivir a una cabaña en el monte, quitar todos mis perfiles en redes sociales y dejar de utilizar el móvil. "**Bosquimano**" me llamaban algunos amigos durante los 6 meses que duró el retiro y mi ausencia en redes.

¿**Activista**? Hace tres años desde el Parlamento de Andalucía me pidieron que participara en la creación de la ley de igualdad lgbti+. Yo **sentí** que no me correspondía involucrarme en ese proyecto y renuncié a participar. Otra persona lo hizo en nombre de Arco Iris.

¿**Vegano**? Hace un tiempo, una amiga me invitó a comer queso ecológico. Me dijo "El **cabrero** que cuida estas cabras las trata superbien y ellas pasan prácticamente todo el día en **libertad**" y decidí aceptar el queso y saborearlo.

Si hoy en día siguiera creyendo que yo soy cada una de esas etiquetas, entonces no me habría permitido los **cambios** y experiencias que he vivido y que me han ayudado a crecer y **evolucionar**, pues es la voluntad de mi SER: **experimentar** la vida para **aprender** y **disfrutar**.

Por ello, ahora prefiero expresarme de otra manera que me permita sentir toda la **libertad** que corresponde a mi SER, que está dispuesto a fluir, a ser **flexible**. De esta manera evito **confundir** quién SOY con características de mi personalidad, que claramente van cambiando con el tiempo. Ya NO digo "soy vegano, activista, ingeniero...", sino:

... "**tengo** una **alimentación** vegana."

... "disfruto **sensibilizando** sobre igualdad."

... "**estudié** ingeniería en la universidad."

... "he trabajado muchos años **enseñando** francés."

Esa sensación de libertad ha facilitado el **no-apego** y, gracias a ello, ahora me resulta más **fácil cambiar** de trabajo cuando siento que debo hacerlo o comer lo que siento que mi cuerpo quiere, desde la flexibilidad y la intención de vivir el presente.

¿**Qué etiquetas** sabes TÚ que ya te toca **soltar**?

Tú ya sabes qué etiquetas ya no te sirven. Algunas mujeres de mi entorno siguen **enganchadas** a "Yo soy madre", cuando la vida les ha mostrado muchas veces que ya no les corresponde **proteger** a quienes vinieron al mundo **a través de ellas**. Si es tu caso... y si quieres, lo sientes, lo sabes... ya puedes soltar la carga que pones sobre ti y sobre otras personas para comenzar a vivir desde la **elección** consciente, libre y cotidiana.

Quizás te has repetido muchas veces "es que **yo soy así** de...", con adjetivos que atan tus alas y te impiden cambiar, **autosaboteándote**. Tú no eres "torpe, cobarde, borde...". Simplemente en algún momento te **lo creíste** y aún no has soltado esa creencia. Tú puedes soltarla y en las próximas páginas veremos estrategias para ello.

Hoy en día veo con claridad que **no** soy ni mis **acciones**, ni mis **pensamientos**, ni mis **valores**, ni mis **creencias**, ni mis **emociones**... tampoco soy mi **cuerpo**, ni mis **propiedades**, ni mis **relaciones**... si bien antes sí había construido mi identidad en torno a todo ello.

En general, nuestra sociedad suele **confundir** el **SER** con la **personalidad** que tenemos en cada momento. De hecho, la personalidad no es **estática** y suele cambiar con el tiempo: ¡menos mal! Algunas personas creen que la **transformación** no es **posible**, pues cuando alguien se identifica con su personalidad es muy probable que se **esfuerce** por seguir comportándose siempre de la misma manera, para ser **fiel** a aquello que cree SER: ¡la pescadilla que se muerde la cola!

Curiosamente la palabra "**persona**" viene del **latín** y significa "**máscara**". Mi personalidad es por tanto mi máscara, la que utilizo para vivir en esta experiencia de vida. Por eso identificarme con la máscara... ¡no tiene ningún sentido!

Yo soy quien está "detrás" de la máscara, quien observa. Es la diferencia entre el **actor** y el **personaje**: el actor es el SER, el personaje es la personalidad. Yo soy quien actúa... no soy el personaje que **interpreto**... y cada día cuando me levanto puedo elegir una nueva máscara y decidir qué personaje quiero interpretar: ¿Quién quiero SER hoy? O mejor dicho... **¿Cómo quiero SER hoy?**

"Cada día elijo cómo expresarme."

Puesto que yo soy quien **observa** tras la máscara, soy pura **consciencia**. Saber que soy pura consciencia me coloca en **igualdad** con cualquier **otro** SER, que sin duda es la misma consciencia que yo... independientemente de cuál sea la máscara que ha elegido llevar. A partir de aquí sé que toda persona que encuentre, haga lo que haga y diga lo que diga, es un SER igual que yo, único y especial en su expresión.

"Yo soy tú. Tú eres yo."

1.2. DIVERSIDAD SEXUAL

El 20 de marzo de 2015 tuvo lugar en la Comisaría Provincial de Córdoba la primera formación oficial del Cuerpo Nacional de **Policía** sobre diversidad sexual y prevención de delitos de odio. Junto a Manuel González, presidente de la asociación de policías gays y lesbianas "**Gaylespol**", y a Octavio Salazar, profesor de **Derecho** Constitucional de la **UCO**, impartí una de las ponencias ante una sala repleta de guardias civiles y agentes de policía.

Justo el día de antes, el "**día del padre**", mi hijo de 9 años me "regalaba" una sorpresa en el piso de Málaga en el que vivíamos la gata, él y yo. Habíamos acordado que él pasaría la noche en casa de una **vecina**, madre de una compañera de la clase de 5º, para, al día siguiente por la mañana, ir al **colegio con ellas**. Yo, en cambio, dormiría aquella noche en Córdoba.

Aquella tarde, justo antes de salir para casa de la vecina, se paró en la puerta del piso y me dijo: "**Papá**, tengo que contarte algo". Yo, con cierto estrés por tener que coger el autobús para Córdoba en menos de 1 hora, respondí: "¿Me lo puedes decir mañana? Es que no quiero perder el autobús". Él insistió: "Es que es muy importante". Me quedé parado, lo miré fijamente y pregunté: "A ver, ¿qué pasa?". Y él dijo, antes de salir corriendo hacia su cuarto:

"¡Que **soy gay**!"

Fui a su cuarto e hice como que aquello era lo más normal del mundo: le dije que eso no tenía ninguna importancia y que no tenía porqué sentir vergüenza de decirlo "... pues tú me has oído **hablar en positivo** sobre estos temas muchas veces." Y entonces subí el tono y dije: "¡Y vámonos ya o perderé el autobús!". En realidad yo estaba muy **sorprendido**: ¿Cómo podía ser que con 9 añitos supiera su orientación sexual?

Aquel viaje a Córdoba le di muchas **vueltas a la cabeza**. Al día siguiente, al volver a Málaga, le pregunté si quería hablar de lo que me había contado el día de antes y dijo: "No, está bien así." De nuevo me volvió a sorprender. Aun así, le pedí que se sentara a hablar conmigo, pues yo si quería comprender la situación. Y comencé el **"interrogatorio"**:

- ¿Tú **por qué** dices que eres gay?
+ Porque lo soy.

- ¿Pero **cómo** puedes saber que eres gay, con lo pequeño que eres?
+ Porque lo sé... y ya no soy tan pequeño, papá.

- Pero... antes no decías que eras gay. ¿**Qué** ha cambiado para que ahora sí lo digas?
+ Que me han pasado cosas en el colegio.

Sentí miedo y continué preguntando:

- ¿Qué te ha pasado en el **colegio**?
+ Si no ha sido este curso, fue el curso pasado, en 4º. Un día estábamos en clase de educación física y un amigo se había traído un **pantaloncito** corto. Hubo un momento en el que se le subió una manguita del pantalón y entonces se le salió un **huevecillo**... y a mí se me subió la **colita**.

Se hizo un silencio.

- Eso no quiere decir que seas gay.
+ Es que me ha pasado más veces.

- ¿Y te ha pasado también con **chicas**?
+ No, sólo con chicos.

Sin ser consciente, yo sentía **miedo** y quería evitar que se definiera como "gay" para evitarnos conflictos futuros. Yo estaba en una "fase de negación" y continué mi ofensiva.
- Pero es que tal vez aún no has conocido a ninguna chica que te produzca ese efecto. Puede ser que te pase dentro de unos meses... y entonces no serías gay, sino **bi**, que, según las estadísticas, es mucho más **probable** en la población... ¿Qué necesidad tienes de ponerte la **etiqueta** "gay"?

En aquel momento se levantó **enfadado** y dijo: "Mira papá, tú vas dando por ahí talleres diciendo que uno puede **ser lo que uno quiera** ¿y a mí no me vas a dejar ser gay?". Se fue a su cuarto y cerró la puerta de un portazo. Era la primera vez que hacía algo así, y aquella respuesta de rabia me ayudó a comprender: todo encajaba; "mi peque" estaba ya entrando en la **adolescencia**, con sus "pelillos" en el bigote y sus cambios de humor, y, por tanto, sí que podía ya empezar a descubrir su **orientación**.

Una semana después lo contó en el colegio, durante el recreo, y hubo 2 consecuencias. La primera: una **niña** con la que ya se había peleado en anteriores ocasiones lo **insultó** y le llamó "**maricón**". La segunda: el **profesorado** del colegio sintió por primera vez la necesidad de **sensibilizar** sobre estas temáticas, pues ningún niño se había atrevido con anterioridad a decir públicamente que era gay, aunque esos insultos sí que eran habituales.

Fue entonces cuando decidí empezar a ofrecer **cursos** sobre diversidad afectivo-sexual a través de los centros de formación del profesorado (**CEP**). También me propuse como reto coordinar un **grupo de trabajo** oficial de la Consejería de Educación de la Junta de Andalucía desde el que crear materiales adaptados para infantil y primaria. De ahí surgió, entre otras, la exposición "**Es Natural**: Diversidad Familiar en el Reino Animal".

Varios años después, en uno de los cursos que impartí para el CEP de Motril (Granada) dirigido a **profesorado** y familias de la comarca, recuerdo que una de las participantes, al ver tantas etiquetas referidas a **orientaciones** afectivo-sexuales de las que ella no había oído hablar nunca, exclamó:

> ¡Qué barbaridad! ¡Esto es una locura!
> ¡Si al final **simplemente** somos personas!

Ella había ido con toda su **buena voluntad** a un curso "sobre los **gays**" y de repente se encontró con que, además de hablar de lesbianas, bisexuales, transexuales e intersexuales, mostrábamos muchas **otras orientaciones** sexuales (asexual, polisexual, pansexual, demisexual, grisexual...) e identidades de género (agénero, bigénero, trans, cis...)

Aquello me ayudó a abrir mi mirada y le di la razón. Le dije que ese era el **objetivo**: la **aceptación** de las personas independientemente de las etiquetas con las que se identifiquen o las hayamos identificado; ver más allá de las etiquetas, **ver al SER** detrás de la persona.

Durante las últimas 2 décadas impartiendo talleres he visibilizado las etiquetas de la diversidad sexual como forma de superar el **binarismo**. Y es que en el siglo pasado todo parecía definirse de manera simplista con **etiquetas** binarias y autoexcluyentes: **hombre-mujer**, blanco-negro, paya-gitana, salud-enfermedad, fuerte-sensible, hetero-homo... No parecía haber entonces espacio para etiquetas intermedias y cada etiqueta conllevaba un valor intrínseco, también binario: **bueno-malo**.

Partiendo del binarismo, hemos vivido un momento histórico de **transición** en el que hemos querido mostrar a la sociedad nuevas etiquetas que le permitieran entender que el **binarismo** es una gran **mentira**, que no refleja la realidad y que nos impedía entender el mundo tal y como es.

En la sociedad binarista en la que hemos nacido, una sociedad cuyos pilares eran el **miedo** y el **juicio**, el orden establecido implicaba que todo debía permanecer dentro de esos **límites** binarios, pues quien los sobrepasase sufriría el **rechazo** o el **castigo** del grupo: ¡cuántas mujeres y hombres han sido quemadas en la hoguera! Estos límites definen unas **casillas**, la propia cárcel social donde la mayoría de las **personas** se sienten **cómodas** y seguras... pero **infelices**...

Cuando cualquier persona siente que no encaja puede **elegir** entre salir de la casilla y **exponerse**... o reprimir y **ocultar** aquello de sí misma que no encaja en el grupo. Antiguamente hacer lo "correcto" era permanecer en la **casilla**. Hoy, en cambio, toca SER quienes somos y expresarnos libremente.

Las personas **lgbti+** se ocultaron durante mucho tiempo para permanecer dentro de las casillas sociales, por **miedo** a las **consecuencias**. Ahora contribuyen al avance de la sociedad cuando hacen uso de la **valentía**, salen de los armarios, se muestran de forma transparente y **brillan** desde su **autenticidad**. Abren caminos al mostrar la posibilidad de ser **felices y libres** fuera de las "casillas del género" y, gracias a su ejemplo, otras personas comienzan a **descubrir** su **diferencia** y su propia necesidad de salir de alguna de las otras casillas impuestas por la sociedad.

Sin embargo, es muy curioso observar cómo **movimientos** que parecen estar llamados a facilitar la **liberación** de las personas, como el **feminismo** y el activismo **lgbti+**, a veces pueden transformarse en **nuevas prisiones** llenas de intolerancia, dolor y **sufrimiento**.

Este curso hemos vuelto a recibir en los **colegios e institutos** andaluces una **carta** en la que se invita a las familias y a los centros educativos a **no permitir** actividades relacionadas con la **igualdad de género**. En la carta, igual que el curso anterior, se explican ejemplos de leyes en vigor que, a juicio de la organización coordinadora de la campaña "Mis hijos, mi decisión", vulneran el derecho de las **familias** a educar "a su **imagen y semejanza**".

Igualmente, estas cartas nombran y describen materiales que hemos desarrollado en arco iris para facilitar la comprensión y el respeto a la diversidad. Se trata, sin duda, de una campaña basada en el **miedo** a la diversidad y en la **rabia** por los logros conseguidos en los últimos años. Miedo y rabia son los componentes básicos del **odio**.

En respuesta a esa **campaña** de odio algunas organizaciones y **activistas** lgbti+, también desde el miedo y la rabia, inundaron las redes sociales de críticas e incluso **insultos** a esa organización y a sus miembros. Todas estas personas **permitieron** que esa campaña les hiciera **daño**, porque **reaccionaron** ante las emociones que la campaña había activado en ellas: el miedo al retroceso histórico y la rabia al sentirla como un **ataque personal**, un ataque a aquello con lo que se identifican: lgbti+.

Desde la Federación Andaluza Arco Iris **decidimos** tener un enfoque diferente y no sentirnos **víctimas** de nada ni de nadie. De hecho, enviamos una carta de agradecimiento a aquella entidad pues, **gracias** a su campaña, muchas personas se habían enterado de los cambios legales en vigor y de los **materiales educativos** disponibles y, en menos de una semana, habíamos comenzado a recibir muchas **peticiones** por parte de profesorado para **utilizar** nuestras **exposiciones** gratuitas, solicitándonos que visitáramos sus centros para **impartir talleres** y conferencias.

El **odio** de otras personas puede encender mi odio, si yo me lo permito, y es, por tanto, mi **responsabilidad** no caer en esa trampa y **no reaccionar** desde esa emoción. Esto me resultará mucho más difícil si **me identifico** profundamente con una etiqueta pues, si alguien la ataca o la critica, siento ese ataque en lo más profundo, **sufro** y **reacciono** desde lo **primario** y emocional, en vez de desde un nivel más consciente, más humano y emocionalmente más inteligente.

Por todo ello, con cualquier tipo de etiqueta, sea sobre el tema que sea, prefiero tener la misma habilidad que los **árboles** de hoja caduca con sus **hojas**: soltarlas cuando hace falta, no sentir apego por ellas, **liberarlas** cuando ya no sirven y así permitir que lleguen otras nuevas.

Y en relación a las nuevas etiquetas de la diversidad sexual, hoy entiendo que eran simplemente una manera de **acercarnos** a la realidad para facilitar su **comprensión**. Y es que, durante mucho tiempo, hemos pensado que la comprensión de la realidad facilitaría su aceptación. Hoy, en cambio, veo mucho más productivo y eficaz aprender a **aceptar la realidad** y a las personas independientemente de si las comprendemos o no pues, de hecho, la realidad no necesita ser comprendida para ser aceptada.

Por ello, una vez desenmascarado el sistema binarista que hemos descrito anteriormente, esta multitud de nuevas **etiquetas** llamadas a **desintegrar** las casillas con las que la sociedad nos había mantenido en **prisión**, también están llamadas a desintegrarse, para que las propias etiquetas liberadoras no se conviertan en nuestras nuevas cárceles.

Ninguna de las etiquetas anteriores es aplicable a la esencia del SER y, por tanto, un día ya muy cercano dejaremos de usar las etiquetas antiguas (hombre-mujer), y también las más recientes (lgbti+), porque tras cada persona y cada máscara reconoceremos al SER, y ante la consciencia del SER sólo es posible **aceptar y amar**.

"Yo me amo. Yo te amo."

1.3. HACERSE EL MACHOTE SALE MUY CARO

¿Sabías que en las **cárceles** españolas hay **10 veces más hombres** que mujeres? La inmensa mayoría de los delitos los cometemos los hombres al intentar hacernos "los machotes", pues en esos momentos sentimos la obligación, especialmente **delante de otros** hombres, de **llevar la razón** y de mostrarnos fuertes, poderosos, violentos, agresivos, celosos, posesivos, rígidos, competitivos, invencibles, insensibles...

Nos hacemos los machotes cuando mantenemos un culto desmedido a la **fuerza** física y al **poder** dominador, un gusto insano por la **competitividad** y el **peligro**, una incapacidad enfermiza para la autogestión emocional, una visión **agresiva** y **adictiva** del **sexo** y una tendencia compulsiva hacia la **violencia** entre iguales y hacia mujeres y lgbti+.

Mi historia personal está plagada de momentos en los que, sin darme cuenta y, a veces, adrede, intenté **hacerme el machote** y tuve que pagar **las consecuencias**: en el **gimnasio**, levantando pesas hasta hacerme daño y generarme una **tendinitis**; en el **instituto**, subiendo la voz para sostener mi **autoridad** como profesor a la vez que gritaba al alumno porque lo que había dicho o hecho me parecía mal; al **volante**, saltándome algún **semáforo** o corriendo con el coche por encima del límite de **velocidad**; con la **familia**, dando un **portazo** con mirada de rabia cuando algo no me gustaba; con otros hombres, reprimiendo y ocultando las **lágrimas** en público y alardeando sobre la **cantidad** de relaciones sexuales que mantenía...

Según señala el informe "Masculinidad **tóxica**" publicado por la Organización Panamericana de la Salud en 2019, los hombres pagamos muy caro "hacernos los machotes" con **menor esperanza** de vida que las mujeres y **mayor probabilidad** que ellas de cometer asesinatos y violaciones, **agredir** a nuestras parejas e hijos-as-es y sufrir...

... **accidentes** de tráfico con lesión medular,
... reacciones con **violencia** en lo cotidiano,
... **infartos** de corazón y otras cardiopatías
... y **accidentes** laborales.

Es obvio que hacerme el "machote" me **sale muy caro** a nivel físico, emocional, mental, energético y espiritual... y el **precio** no sólo lo pago yo como hombre, sino también todas las **otras personas** que me rodean, a través de las actitudes violentas que puedo reproducir.

En mi caso, el **precio más alto** que he pagado por hacerme el machote ha sido la falta de **conexión** a un nivel profundo con otras personas: con mis parejas, con mis amistades, con mi hijo... Todo parecía estar bien en la superficie cuando, en realidad, tenía el **corazón cerrado** y eso impedía disfrutar de las relaciones de una manera auténtica.

Todas estas **desventajas** son consecuencia de la identidad del hombre antiguo: mis antiguas **creencias, valores, miedos**... incompatibles con una vida feliz, de autorrealización y conexión con las demás personas y el entorno.

Por ello, por nuestro propio bien y el bien de toda la sociedad, la masculinidad antigua tiene sus días contados. Tengo que **abandonar** esa identidad tradicional y **construir** mi propia manera de SER HOMBRE, de ser persona.

Sin embargo, algunos hombres se niegan a dejar de hacerse los machotes porque sienten que pierden algo. Es cierto: se trata de **perder** esa **identidad** antigua para pasar a construir una nueva. Además, se trata de **renunciar** a los **privilegios** que se nos han asignado por "nacer" hombres.

Durante décadas el movimiento feminista ha señalado los **privilegios** legales que disfrutábamos los **hombres** y se negaban a las mujeres. El derecho al **voto**, la **propiedad** privada, los **estudios** universitarios... eran vetados a todas ellas por leyes hechas por algunos hombres.

Al mismo tiempo, SER hombre, y **hacerse el machote** por ello, era una carga pesada que te podía **costar la vida**. Si eras hombre tenías que batirte en **duelo** o ir a la **guerra** para defender el **honor**. Han sido hombres quienes han muerto mayoritariamente en las batallas de las mil y una guerras que habían creado otros hombres, desde sus tronos y palcos.

En España ya no hay privilegios formales para los hombres sobre las mujeres. Sin embargo, el **machismo** sigue instalado en muchas **mentes** y **estructuras** de formas sutiles y aún parece que los hombres disponemos de mayor **poder**, aunque este poder esté basado en premisas antiguas y falsas: el **dinero**, la seguridad, el **estatus** social, las posesiones materiales, la **autoridad** institucional...

Si admito que el **verdadero poder** reside en el interior y que emana de la **autenticidad**, el valor, la audacia, el autorrespeto y la **conexión** con la propia grandeza de cada ser humano... me doy cuenta de que, al "hacerme el machote", pago un precio muy alto: no disfrutar de **ser yo mismo**, que es el gran poder que tengo dentro de mí:

"El verdadero poder está en mi interior."

Entonces, ¿Me da miedo cambiar?

Seguro que sí. Todo el mundo siente miedo. No hace falta hacernos los valientes. Los **hombres** también sentimos **miedo** y precisamente el **valor** está en **reconocer** el miedo, mirarlo a los ojos, **abrazarlo**, **disolverlo** para no permitir que me invada, y entonces decidir cambiar para ser mejor persona... pues el cambio tiene una gran recompensa: ser la mejor versión de mí y ser profundamente feliz.

Durante mucho tiempo me he dedicado a **imitar** a otras personas de mi entorno, repitiendo **patrones** antiguos de la sociedad y la familia más tradicionales. En cambio, ya es hora de **respetarme**, asumiendo el precio de la verdadera felicidad: puede que alguien me rechace, se burle de mí o me critique... y ahí es donde demostraré la **verdadera fortaleza**: seguir siendo yo sin que me importe lo que piensen o digan.

En el teatro de la vida cada persona tenemos una **misión** única y sorprendente. Si nos dejamos llevar por el miedo no viviremos la vida que nos corresponde. ¡Sería una pena vivir una vida mediocre en vez de la mía!

"Sé tú, el resto de los papeles ya están cogidos."
Oscar Wilde

¿Cuándo me hago yo el machote?

Te propongo que pienses en ti o en los hombres de tu entorno y descubras esas **conductas** antiguas, automáticas y machistas que aún **reproducimos**. A partir de ahora, cuando de repente descubras uno de esos típicos comportamientos, podrás tomar conciencia, parar y elegir actuar de otra manera.

Aquí algunos **micromachismos** a superar:

COLORES
Si es niña le regalo algo **rosa**.
Si es niño le regalo algo **azul**.
¡Qué poca imaginación!
¡Con la cantidad de colores que hay!

TAREAS DEL HOGAR
Si el hombre colabora en casa dicen:
"**Él ayuda** a su mujer".
Si la mujer colabora:
¿Diríamos "Ella ayuda a su hombre"?

CRIANZA
Si el hombre se ocupa de la crianza:
Es un "**padrazo**".
Si hablamos de la mujer que cría:
Simplemente es "la madre"

DINERO
En pareja en un restaurante:
La cuenta se la dan al hombre.
Si son dos mujeres...
¿La dejan en la mesa?

COCHES
En un taller de coches:
Hablan al hombre y miran a la mujer.
¿Esto también sería así si el taller lo lleva una mujer mecánica?

DEPORTE
En el patio o en la pista deportiva, a algunos chicos:
"**Corres como una niña**"
¿Las niñas corren de manera diferente?
¿Todas?

Para concluir este viaje por la masculinidad antigua te animo a leer los libros "Homocircus", de Rafael Soto, y "El hombre que no deberíamos ser", de Octavio Salazar. Además te propongo analizar dos ejemplos más, relacionados con el **sexo**. Observa con honestidad cuál es tu posicionamiento habitual en torno a estos 2 temas:

PORNOGRAFÍA

El "hombre antiguo" consume y comparte con otros pornografía **violenta**, de **dominación** y control, hiper-**genitalizada** y sin vínculos emocionales positivos entre quienes interpretan esas relaciones ficticias.

PROSTITUCIÓN

El "hombre antiguo" sigue alardeando de "**ir de putas**" como una manera de acceder a relaciones sexuales para satisfacer los **deseos** que no se atreve a plantear en pareja.

Hacernos los **machotes** en torno a ambos temas implica pagar un alto precio. El consumo habitual de la **pornografía** antes descrita puede ocasionar **disfunciones** sexuales en la erección, eyaculación precoz... además de crear unas **expectativas** irreales sobre las relaciones sexuales. Por su parte, **pagar** por el sexo es muchas veces un síntoma de la propia sensación de **incapacidad** de crear vínculos sanos con otras personas, **vínculos** desde los que poder acceder a relaciones sexuales satisfactorias.

Un hombre evolucionado debería por tanto analizar si el **coste-beneficio** de estas conductas es algo **equilibrado**. Más aún, un hombre consciente, por encima de juicios moralistas o automatismos machistas, se para a escuchar su **propia voz interior** (intuición) para decidir lo que hacer.

La duda puede surgir cuando me escucho y descubro dos o más **voces** opinando en mi cabeza, como si un **ángel** y un **demonio** intentaran convencerme de lo que debo hacer. La duda se disipa cuando veo con claridad que sólo una de esas voces es la de mi esencia, mi voz interior o **intuición**... todas las demás corresponden al **ego**.

Mi "**voz interior**", la de mi esencia, es mi intuición. Me habla desde la calma, me anima, **me cuida**... no me juzga si no le hago caso, tiene **paciencia** y quiere mi más alto bien y el de toda la humanidad... es una voz que surge del **AMOR**.

Mi "**ego machote**" en cambio me presiona, me **insiste**, me grita... a veces incluso me insulta, **me amenaza**... porque siente que está en juego su supervivencia, cree que va a morir si no le hago caso... por eso esa voz surge del **MIEDO**.

Lo que ocurre es que a veces la voz del **ego grita** tanto que no puedo oír a mi voz interior. Por eso, ante cualquier decisión en que noto que las **emociones** podrían invadirme, **respiro** profundamente, cierro los ojos, miro hacia adentro **calmando** mi **mente** y me dispongo a oír con **claridad** la voz de mi esencia, que es a la que sin duda debo hacer caso si quiero sentirme FELIZ.

1.4. HOMBRES DE VERDAD MIS REFERENTES

Muchas **mujeres** en la historia han sido capaces de superar el binarismo, **deconstruir** las etiquetas aprendidas y empezar a vivir en **libertad**, aprendiendo a ser ellas mismas, por encima de leyes injustas y moralidades caducas. De hecho, gracias en parte al **feminismo**, hoy en día conocemos las **historias**, antes ocultadas, de muchas de estas mujeres. Cada vez hay más mujeres **referentes** en el espacio público, en los medios y en las redes, mostrando la pluralidad y diversidad de formas de expresarse como **mujer**.

¿Y qué ocurre con los **hombres**?

Quiero compartir los aprendizajes de infancia sobre la **masculinidad tradicional** de los que ahora soy consciente.

Cuando yo nací ya éramos seis en la casa de **Baeza** (Jaén). Por orden de edad: **papá, mamá**, 2 hermanas, 1 hermano y yo. El mismo número de chicos que de chicas: ¡**paridad** total!

Mi **hermano** Manuel, tres años mayor que yo, era un chico bastante **tímido** y reservado, además de muy **sensible** y tranquilo. A él no le gustaba juntarse con los niños del pueblo, porque en los pueblos los **niños** éramos muy **borricos**. Él prefería juntarse con las chicas: ¡qué listo!... sobre todo teniendo en cuenta que a él le atraían las **chicas**. Mi hermano se define como **heterosexual**.

En el pueblo algunos niños se metían con mi hermano y le llamaban "**maricón**" y otras palabras similares. Mi hermano tenía un comportamiento más **femenino** del que se suponía que teníamos que tener los chicos entonces. La sociedad nos imponía a los chicos un **mandato** de masculinidad y nosotros lo retransmitíamos con la misma **violencia** con la que habíamos recibido el **aprendizaje**: insultos, vejaciones, rechazo... a quien se saliera de la casilla de esa masculinidad.

Cuando Manuel llegó a la **adolescencia** y los cambios físicos de la pubertad eran obvios (pelillos del bigote, gallillos en la voz, acné en la frente...), mi hermano "se echó una **novia**": le resultó muy fácil, pues tenía muchas amigas. ¿Crees que los chicos dejaron de **meterse** con él al ver que tenía novia? ¡Para nada! Algunos siguieron insultándole porque la **expresión de género** de mi hermano, más **flexible** que la de los demás, incomodaba a todos esos otros chicos que, en muchos momentos del día, se esforzaban en **demostrar** que ellos eran "verdaderos **machotes**".

Recuerdo el día en el que a mi hermano le dieron una **paliza** al salir de clase. No era la primera vez, pero yo no lo sabía. Él estaba en 2.º de la ESO (8.º de EGB en aquellos años) y ver por primera vez cómo pegaban a mi **hermano**, a la vez que le insultaban diciéndole "**maricón**", me marcó. Yo entonces ya había sentido **atracción** por Enrique, uno de mis mejores amigos, así que sentí mucho **miedo**. Pensaba que, si alguien se enteraba de que me gustaba un chico, podrían hacerme lo mismo que a mi hermano. Así que ese día me **prometí** a mí mismo que nunca nadie se enteraría de que yo era gay: ¡Promesa incumplida!

48

Varios meses más tarde me atreví por primera vez a **contarlo**... ¡a mi **perro**! Lo bueno de aquella primera salida del armario era que la **aceptación** del otro, un pastor alemán superleal, estaba **garantizada**: mi perro siguió tratándome igual que antes. Le dije "Creo que soy gay" y él siguió mirándome con sus ojos lindos, babeando y jadeando con la lengua fuera, como cada vez que volvíamos de pasear y corretear por las calles de Baeza.

Durante seis años no se lo dije a nadie. Mantuve en **silencio** la presión: **aparenté** todo lo que pude ser un **machote** tradicional e incluso pensé en **suicidarme** como una salida al miedo y a la **angustia** que sentía a veces. Por fin, cerca de cumplir los 18 años, me atreví a contarlo a otra persona.

¿A quién crees que **me atreví** a contarle que era gay? No fue a mi hermano, que se había mudado para estudiar fuera. Tampoco fue a mi madre ni a mi padre, ni a ninguna de mis hermanas. Fue a mi "**novia**". Decidí **contárselo** la noche de la cena de fin de curso del último año del instituto. Habíamos salido, habíamos bebido, ella me abrazaba y me besaba... y yo sentía la **presión** en el ambiente: creía que si no continuaba el juego todo el **mundo** se daría cuenta de que yo era gay... y ya no podría ser "un hombre de verdad". Aquella noche no pude dormir y escribí una **carta** para explicárselo a ella. Al día siguiente se la di y ella lo entendió. Aunque hablarlo con ella me ayudó, a la vez seguía sintiendo mucho miedo a que alguien más se enterase: seguía "en el armario".

Volvamos por un momento a aquella **promesa** incumplida de no contárselo nunca a nadie. Aquel día, tras aquella promesa, empecé a prestar mucha más **atención** que antes a las **reglas** de la **masculinidad** tradicional: no podía permitirme meter la pata y tenía que aprender a mostrar que era un **machote**, como la sociedad mandaba, especialmente en una época en la que "maricón" era el insulto más utilizado en los patios de los institutos andaluces.

Gracias a aquellas circunstancias hoy en día soy muy consciente de cuales son los mecanismos que nos han **aprisionado** a los **hombres**, aquellas **conductas** y **creencias** que aprendimos de manera inconsciente en la infancia y que, aún muchos, siguen reproduciendo de manera inconsciente en la adolescencia y en la edad adulta.

Afortunadamente, igual que muchas mujeres, también muchos **hombres** han hecho esta **transformación** personal y han sido capaces de **saltar** los límites de la masculinidad tradicional y las **etiquetas** autoimpuestas para expresarse con libertad. De hecho, todos los hombres estamos llamados a hacer esa transformación para **liberarnos** de la carga monstruosa que supone tener que **demostrar** constantemente que somos unos "**machotes**", en vez de ser nosotros mismos. Muchos hombres ahora estamos **despertando**. Comenzamos a darnos cuenta de que **renunciar** al poder en el sistema **patriarcal** significa permitirnos conectar con nuestra esencia y **disfrutar** por fin de ser profundamente **libres y felices**.

Hace algunos años parecía que la mayoría de hombres aún seguían anclados en el estereotipo tradicional y por ello generalizábamos diciendo: "las **mujeres** del siglo XXI ya están aquí. Los **hombres** del siglo XXI aún no han llegado". También bromeábamos afirmando: "Los hombres buscan mujeres que **YA no existen** y las mujeres buscan hombres que **AÚN no están aquí**".

Yo mismo, especialmente tras salir del armario públicamente, comencé a dedicar mucha **energía** a construir mi **identidad masculina** basándome en la masculinidad tradicional y, a veces, sentía angustia, rabia o tristeza y no me permitía expresarlo. Quería aparentar ser **fuerte**... porque, aunque dijera que era gay, yo quería seguir siendo un "**hombre de verdad**". Aún no había aprendido a soltar mi identificación con esa etiqueta ni entendía los beneficios de ello.

Veamos algunos ejemplos históricos de **grandes hombres** que han superado el mandato patriarcal y han seguido los dictados de su **voz interior** (intuición), rompiendo los estereotipos tradicionales de masculinidad:

Gandhi. Si el hombre antiguo era agresivo y basaba su poder en la fuerza física, Gandhi basaba el suyo en la **no-violencia**, la **sencillez** y la **honestidad**. Para la masculinidad tradicional, Gandhi era un cobarde: alguien que no quiere luchar y que renuncia a usar la violencia. En cambio, Gandhi fue un hombre **valiente** al dar la cara, asumir su **misión** y proponer ante los conflictos vías de **solución** distintas: negociación, diálogo, **paz**...

Jesucristo. Si el hombre antiguo era egocéntrico, sin empatía ni compasión, con cero capacidad de cuidado de otros seres, Jesús representaba el modelo de hombre capaz de ponerse en el lugar de las otras personas y **acompañar** en el sufrimiento sin juzgar, dispuesto a **cuidar**, **escuchar** y **aceptar** a quienes le rodeaban... toda una "nenaza" desde la perspectiva de un "machote" antiguo; una figura ejemplar para la humanidad.

Lorca. Federico García Lorca, hombre **creativo**, **sensible**, **extrovertido**... **homosexual**. "Maricón" le llamaban quienes aún estaban en la cárcel del género. Un ejemplo de hombre conectado con su **propósito** de vida que ha inspirado a millones de personas en el mundo con su **presencia** y su obra.

Por último, me gustaría presentarte a uno de esos hombres feministas que apostaron por la igualdad: **John Stuart Mill** publicó, antes de casarse con Harriet Taylor, una carta en la que renunciaba a los privilegios legales de los que disponía por ser hombre. Como ejemplo de su posicionamiento vital, en una de las fotos que han llegado a nuestros días de Harriet y John, y al contrario que en las típicas fotos de pareja de la época, el hombre no aparece por encima de la mujer.

Estos "**hombres de verdad**" se han convertido para mí en referentes que me ayudan a integrar cómo otras formas de SER hombre son **posibles**, ejemplos que me invitan a **empoderarme** para ser yo, con **autenticidad**, igual que cada uno de ellos hizo.

Y para ti, ¿cuáles son **tus referentes**?

1.5. EL CAMBIO ES POSIBLE: EL HOMBRE NUEVO

Para mostrar el cambio que necesitamos hacer muchos hombres me gusta utilizar el símil de la **metamorfosis** de la **mariposa**, un insecto que vuela con **libertad** y **armonía**, con colores que iluminan y dan **alegría** al entorno. Del mismo modo todos los hombres, y en general cualquier persona, podemos vivir en libertad, armonía, alegría... y para eso tenemos que cambiar y dejar de ser "**gusanos**" y "**capullos**".

Recuerdo escuchar a mi **madre** decir "Los **hombres sois así** y no podéis cambiar, es vuestra naturaleza". Si yo me hubiera creído esa frase habría dejado de intentar cambiar y no habría descubierto en mí mismo que el **cambio es posible**. Es más, una parte de mi madre también confiaba en el cambio, pues ella siguió casada con mi **padre** durante 50 años... ¡intentando **cambiarlo**! Por fin hace varios meses mi madre, a sus 70 años de edad, decidió centrarse en su propio cambio y se separó de mi padre: ¡**enhorabuena** por el valor!

Hay personas que afirman que en la infancia y adolescencia se forma nuestro cerebro de forma definitiva y posteriormente, por tanto, "no hay nada que hacer", tan sólo lidiar de la mejor manera posible con los patrones que constituyen nuestra personalidad. Afortunadamente la ciencia nos habla hoy en día de la **neuroplasticidad**: la capacidad de **remodelar** el **cerebro** durante **toda la vida**. A este respecto te recomiendo el libro "La mujer que transformó su cerebro", publicado en 2018 por Barbara Arrowsmith-Young.

En los capítulos anteriores te he mostrado las **conductas, pensamientos** y **creencias** que ya no me sirven y que, de hecho, me alejaban de mi esencia: tocaba soltarlos para posibilitar el cambio. A nivel mental esa transformación implicaba dejar de **reforzar patrones** antiguos e integrar en mi mente nuevas creencias y conductas que sustituyeran lo antiguo.

Y esa es la propuesta que te hago: por cada pensamiento, creencia y conducta machista que has detectado en ti, te invito a **generar** un nuevo **pensamiento, creencia o conducta** que implique una **evolución** en tu forma de entender la vida. Te muestro un ejemplo que yo he experimentado en relación a la conducción.

AL VOLANTE: Voy conduciendo y el coche de delante **frena** al llegar a una rotonda. Siento **rabia** porque tengo prisa y creo que la culpa de que vaya a llegar **tarde** es de quien ha parado en la **rotonda**. Me fijo en quién conduce y me viene un pensamiento, conectado a una creencia cultural, que, a veces, digo en alto y, otras veces, simplemente repito en mi cabeza:

"¡mujer **tenía que ser**!"

Esa creencia está grabada en varios enlaces neuronales en mi cabeza: se han **reforzado** durante años a base de oírselo a montones de otros hombres, ¡incluso a algunas mujeres! Para dejar de tener ese pensamiento activo en mi cabeza en situaciones similares no pretendo borrar esos enlaces neuronales antiguos, sino **crear** unos **enlaces nuevos** con la nueva creencia que quiero integrar en mí.

Para ello me **repito** ese nuevo pensamiento hasta que estos **nuevos enlaces** neuronales sean más **fuertes** que los antiguos. Estas son las nuevas creencias que yo he decidido tener ante un frenazo en la carretera, y que he reforzado en mis nuevos enlaces neuronales:

"La **prudencia** en cruces y rotondas salva **vidas**"
"**Acepto** como conducen las demás personas"
"Voy a **llegar** cuando tenga que llegar"
"**Prefiero** vivir a llegar pronto"

Una vez que he decidido tener una nueva creencia y reforzarla, debería **evitar** de manera consciente **exponerme** a situaciones que refuercen los enlaces neuronales antiguos. Es decir, si quiero dejar atrás los pensamientos machistas, debería dejar de escuchar durante un tiempo canciones con mensajes sexistas y evitar ver **vídeos** musicales o **películas** que refuercen esas ideas. Igualmente, si en mi círculo de **amistades** alguien comienza a hacer comentarios machistas, puedo **cambiar** sutilmente de **tema** y facilitar un giro en la conversación.

La cuestión es que cada vez que oigo **ideas antiguas** que ya tenía en mi cabeza y a las que quería dejar de darles poder en mi mente, estas ideas se **reforzaban** y me resultaba más difícil instalar mis nuevas creencias.

A veces yo quería **convencer** a otras personas de que lo que decían o hacían no estaba bien y mi estrategia era **recordarles** precisamente lo que decían o hacían. Así yo estaba contribuyendo a **reforzar** esa conducta: al poner mi atención y dar más energía a esa situación estaba empujando a la otra persona a poner también ahí su **atención** y energía.

"Aquello a lo que te resistes, persiste".

Veamos un ejemplo. Supón que a mí no me gusta que la gente piense en **elefantes rosas**. Así que te pido que mientras que lees este párrafo no pienses en elefantes rosas. Es más, cuando termines de leer este párrafo cierra los ojos durante 5 segundos y **NO pienses** en un elefante rosa.

¿Has podido no pensar en el elefante rosa?

Si me digo a mí mismo que no piense en algo, ya estoy pensando en ello. En cambio, una vez que he detectado lo que no quiero pensar, puedo **decidir** lo que **sí quiero pensar** y eso es lo que voy a **reforzar**.

A partir de ahora, cuando oigas la palabra elefante, te invito a que te imagines un elefante azul. Piensa en el elefante azul. Cierra los ojos y observa el elefante azul. Si ahora te propongo que no pienses en el elefante rosa, tu cerebro tiene una **alternativa**, otros enlaces neuronales activos por los que transcurrir: pensar en el **elefante azul**.

La **mente** es como un **caballo salvaje**: va y viene libremente hasta que decido **domarla** para que me sea **útil** y no me haga **daño**, porque yo no soy mi mente, mi mente es una herramienta a mi servicio. Si no la domo, cada día tendré miles de **pensamientos** negativos dando **vueltas**, tal y como he aprendido del entorno social-cultural.

Desde que me despierto por la mañana mi mente se alimenta de la información exterior, y a partir de ella genero pensamientos, refuerzo creencias y construyo hábitos...

Antes veía el **telediario** todos los días y me empapaba de **noticias** desagradables, situaciones violentas, críticas y negatividad. Eso era lo que se reforzaba en mi cerebro y, por **imitación**, después yo generaba ese tipo de **mensajes** hacía mí mismo: me criticaba y era agresivo conmigo desde la **negatividad**.

¿Tú sueles criticarte?

¿Con qué periodicidad?

Pues te propongo que dejes de criticarte y que empieces a **repetirte** otro tipo de **mensajes**, que te empoderen, que te hagan ser la mejor versión de ti, que te inspiren **confianza** en la vida, que transmitan una **visión optimista** del mundo...

Para ello, una vez que hemos entendido la importancia del **pensamiento positivo** para crear nuevos patrones de conducta, voy a mostrarte **nuevas creencias y conductas**, más sanas y evolucionadas, que me sirven para expresarme como un "**hombre nuevo**" y, en general, como un ser más consciente.

La siguiente clasificación en **13 áreas vitales** está inspirada en el curso **Lifebook** iniciado en 2016 a través de Mindvalley por Jon y Missy Butcher, pareja que lleva más de una década inspirando a otras personas para transformar sus vidas. Primero observo mis 5 cuerpos: físico, mental, emocional, energético y espiritual. A continuación observo los 5 tipos de relaciones interpersonales más habituales. Finalmente analizo mis hábitos en relación a la energía, la materia, el tiempo y el espacio.

MIS 5 CUERPOS:

1. CUERPO FÍSICO
Asumo mis **propios criterios** de salud y belleza.
Me responsabilizo de mi **autocuidado** físico.
Acepto la **enfermedad** como señal de **aviso**.
Alterno ejercicios de **fuerza y flexibilidad**.
Me **alimento** de forma equilibrada.

2. CUERPO MENTAL
Reconozco mis **patrones** de pensamiento antiguos.
Refuerzo conversaciones mentales positivas.
Me habitúo a **pensar en positivo**.
Focalizo **la atención** consciente.
Medito y **relajo la mente**.

3. CUERPO EMOCIONAL
Me responsabilizo de mis **propias emociones**.
Me permito **llorar**: suelto la carga y me libero.
Comprendo mi rabia sin proyectarla fuera.
Siento **empatía** hacia otras personas.
Reconozco y gestiono mis miedos.

4. CUERPO ENERGÉTICO
Soy consciente y responsable de mi nivel de energía.
Siento la **conexión** con la Tierra y con el Universo.
Permito que la energía fluya por todo mi cuerpo.
Armonizo mis canales y centros de energía.
Cuido y mantengo mi campo energético.

5. CUERPO ESPIRITUAL
Me reconozco en las otras **personas**.
Comprendo mi **propósito** de vida.
Conecto con mi propia esencia.
Conecto con la **naturaleza**.
Fluyo con la vida.

MIS 5 RELACIONES:

6. FAMILIA DE ORIGEN
Muestro mi vulnerabilidad, pido y **acepto ayuda**.
Comparto el **cuidado** de las personas **mayores**.
Comprendo mis **patrones** de la infancia.
Escucho a las otras personas.
Muestro **empatía**.

7. TRIBU
Practico **ocio** consciente, no-violento y cooperativo.
Disfruto en compañía de otras personas, siendo yo.
Coopero respetando mis criterios y necesidades.
Me dispongo a **superar** mis propios **límites**.
Atiendo al **cuidado** de los **vínculos**.

8. PAREJA / RELACIONES SEXUALES
Respeto autonomía, deseos y necesidades **del otro**.
Acepto el fin de las relaciones cuando este llega.
Equilibro entre lo que **doy** y lo que **recibo**.
Comunico y escucho activamente.
Elijo **conscientemente**.

9. CRIANZA
Doy **ejemplo de vida**: honestidad y transparencia.
Consensúo valores: parentalidad consciente.
Veo la esencia y el **camino** de cada cual.
Propicio la **cercanía** y el cariño.
Comparto los cuidados.

10. COMUNIDAD
Mantengo **coherencia** de conducta en todo lugar.
Celebro la **diversidad**: sexual, étnica, religiosa...
Crezco y **comparto** aquello que me hace crecer.
Me abro a otras personas y **aprendo** de ellas.
Coopero desde el poder horizontal.

ESPACIO-TIEMPO-MATERIA-ENERGÍA

11. ESPACIO:
Entiendo la importancia del **orden** y la **limpieza**.
Viajo conscientemente disfrutando de cada lugar.
Comparto responsabilidades en casa, transporte...
Comparto equitativamente: casa, patio, oficina.
Respeto a otras especies y seres del **planeta**.

12. TIEMPO:
Vivo con **calma**: acepto que todo llega cuando debe.
Vivo el presente, suelto el pasado y sonrío al futuro.
Trabajo para **autorrealizarme** y contribuir.
Equilibro descanso, ocio, trabajo y familia.
Agradezco cada día como un **regalo**.

13. MATERIA-ENERGÍA:
Consumo consciente de los recursos del planeta.
Entiendo el **dinero** como una herramienta más.
Veo la **conexión** entre materia y pensamientos.
Comparto recursos con otras personas.
Siento gratitud por todo lo que tengo.

¿Cuáles de estas creencias quieres **adoptar en ti**?

Te propongo que dibujes tu propia tabla con los 13 apartados anteriores para, en cada uno de ellos, poner aquellas creencias que quieres adoptar e integrar en tu vida cotidiana.

Si quieres descubrir más sobre este tema puede resultarte de interés el curso on-line "Rediseñando la masculinidad desde la igualdad. Los hombres que hay en mí" de Ágora Feminista.

1.6. NUEVO MODELO MENTAL: MI MENTE, MI ALIADA

Antes de concluir el viaje en la isla de la "Identidad" que conforma esa primera parte del libro, me gustaría compartir contigo un nuevo modelo mental. Propuesto por **Marisa Peer, terapeuta** creadora del movimiento *"I am **enough**"*, este modelo ha ayudado a millones de personas a recuperar su autoestima.

Son ocho las ideas básicas inspiradas en este modelo que me han ayudado en mi propia transformación a nivel mental:

MI MENTE...

1. Siempre INTENTA AYUDARME:

> Mi **mente** intenta **ayudarme** desde donde lo ha hecho hasta ahora, **desde lo que conoce**, desde lo que sabe que me ha permitido seguir con vida hasta este momento. Así que no debo echarle la culpa de nada, debo **tratarla bien** y reconocerle que está de mi lado, aunque a veces sus propuestas no sean las que más me convienen. Una vez la he aceptado como **aliada** es más fácil que ella empiece a transformarse. Cuando la atacaba, ella se defendía.

> "Mi mente me ayuda a ser feliz."

2. Se deja **influir** por lo que **digo y pienso:**

Debo poner atención a lo que digo. Las **palabras**, y las **imágenes** que produzco en mi cabeza, modelan como percibo la realidad. Si cuando algo me sale mal digo "Soy tonto", en mi cabeza se integra esa idea y mi mente actuará cada vez de una forma más tonta, para **dar validez** a la palabra que he pronunciado. Si cuando quiero algo expreso "Creo que no lo voy a conseguir", es bastante probable que no lo consiga, pues mi mente intentará que llevemos **razón**.

"Yo soy sensible, valiente, inteligente."

3. Prefiere aquello que le resulta **familiar:**

Aquello que he hecho mucho es aquello con lo que mi mente se siente **cómoda**. En cambio, aquello que oigo o veo **por primera vez**, me resulta **extraño** y activa mi **miedo**. Por tanto, si quiero incorporar algo en mí debo hacer que mi mente lo perciba como **familiar**, habitual... **repitiéndolo** varias veces, dibujándolo, explicándolo, cantándolo... Por ejemplo, si quiero superar la transfobia debería ver alguna película sobre el tema, conocer y pasar un rato con una persona trans y de esa manera convertir la transexualidad en algo familiar para mí.

"Yo me familiarizo con lo que quiero."

4. Siente **placer** al **terminar tareas** incómodas:

Mi mente solía **procrastinar** todas las tareas que, aunque sintiera como necesarias, me parecían **desagradables**, como hacer la declaración de la **renta**. Así que durante años llegaba a la última semana de **plazo** con **estrés** y sin la declaración hecha. Cuando hice el curso con Marisa Peer me di cuenta de que si hacía la declaración en cuanto se abría el plazo, sentía que me quitaba una **carga** de encima y, a partir de ese momento, todo me parecía mucho más **liviano**. Igual ocurría con los exámenes: si los dejaba para estudiar el día de antes, pasaba semanas sintiendo una pesada carga sobre mí.

"Hago primero lo que menos me apetece."

5. Es una **máquina** de **hábitos** y costumbres:

Somos animales de **costumbres**. Podemos aprovechar esta realidad para conseguir la **transformación** que queremos. Se dice que lo que hacemos durante 21 días empezamos a incorporarlo como **hábito**. Tras los **21 primeros días** empezaremos a tener **dudas** sobre el nuevo hábito y tal vez nuestro ego consiga que lo dejemos, porque no coincida con alguna creencia interior que tengamos. Según varios estudios, si logramos mantener ese hábito hasta **66 días**, entonces ese hábito se habrá hecho más fuerte que la creencia previa y estará completamente incorporado: me resultará **más fácil hacerlo que no hacerlo**.

"Yo creo hábitos saludables en 66 días."

6. Se motiva con **recompensas**:

> A la mente le gusta sentir el **placer**, por eso me doy **recompensas** después de hacer algo que quería hacer, especialmente cuando ha supuesto un esfuerzo. Al darme recompensas, tendré más **ganas** de realizar esas tareas en los días siguientes. Antes desayunaba nada más levantarme y se me pasaba todo el día "sin encontrar" el momento adecuado para hacer ejercicio. Ahora al despertarme, tras beber una infusión calentita, hago 10 minutos de ejercicio... y luego desayuno alimentos que me encantan. El aprendizaje era **retrasar la recompensa**... posponer el desayuno.

> "Me doy recompensas tras el esfuerzo."

7. Aprendió el mensaje "**no valgo lo suficiente**":

> Cuando estaba en el **vientre** de mi madre **todo** estaba **bien**: comida, bebida, calorcito y el corazón de otra persona cerquita... Al salir empecé a vivir instantes en los que sentí que no se cubrían mis necesidades y entonces comencé a creer que **no valía** lo suficiente... que tenía que **luchar** por las cosas y los afectos: llorando, gritando, aparentando... Quienes hemos tenido este **programa** instalado en la cabeza tenemos que sustituirlo por uno nuevo que no boicotee lo que queremos en la vida:

> "**Yo sí valgo** y todo me va a ir bien."

8. Le gusta recibir **elogios** y halagos:

> A mi mente **le gusta** que otras personas **valoren** las cosas que hago y digo, incluso las cosas que poseo o mi apariencia exterior. Antes entregaba parte de mi poder a otras personas al sentirme bien en función de si les gustaba o no aquello con lo que me identificaba. Ahora he **recuperado** ese **poder** y ya no espero que sean otras personas quienes me halaguen: ya me encargo yo. **Me halago** cuando algo me gusta de mí, y cuando algo no me gusta, me digo que me gusta mi capacidad de cambiar y me imagino consiguiendo lo que me gustaría. Eso sí, cuando otra persona me halaga o me dice un cumplido, aprovecho para dar las **GRACIAS** de manera sincera y para observar y comentar algo bonito también en la otra persona.
>
> "Yo me gusto. Yo me amo. Yo me halago."

¿Qué te parecen las 8 ideas de este modelo mental?

A mí, la comprensión e interiorización de este modelo me ayudó a iniciar un proceso de transformación más consciente y profundo, por eso **agradezco** a Marisa Peer el curso que compartí con ella en 2018 y también por eso he querido compartirlo contigo, esperando que pueda ayudarte de la misma manera que a mí.

Para afianzar lo que acabo de contarte, te propongo que revisemos una vez más las ocho ideas del modelo. Mi mente...

... siempre **intenta ayudarme**
... se deja influir por lo que **digo y pienso**
... prefiere aquello que le resulta **familiar**
... siente placer al terminar las **tareas incómodas**
... es una máquina de **hábitos y costumbres**
... se motiva con **recompensas**
... aprendió el mensaje "**No valgo lo suficiente**"
... le gusta recibir **elogios y halagos**

Y ahora te invito a escribir en un papel o **tarjeta** las siguientes ocho frases, adaptando las que quieras a tu situación o cambio personal, para que te sirvan en tu propio proceso personal. La idea: que coloques esta tarjeta de "la mente y la identidad" junto al **espejo** del cuarto de baño y todas las mañanas repitas esas frases al mirarte en el espejo... durante **21 días**... o 66, si así lo prefieres:

> Mi mente me ayuda a ser feliz.
> Yo soy sensible, valiente, inteligente.
> Yo me familiarizo con lo que quiero.
> Hago primero lo que menos me apetece.
> Yo creo hábitos saludables en 66 días.
> Me doy recompensas tras el esfuerzo.
> Yo sí valgo y todo me va a ir bien.
> Yo me gusto. Yo me amo. Yo me halago.

Eso sí, presta atención a las **afirmaciones** que construyes para que incluyan **una parte de verdad** que quieras hacer crecer. Por ejemplo, si dices "yo me gusto" pero no te lo crees, la frase no servirá... si, en cambio, te fijas en ti y encuentras algo, por pequeño que sea, que sí te gusta, entonces la frase irá ocupando tu mente y haciendo que cada vez encuentres más cosas de ti que te gustan.

También ten en cuenta construir **afirmaciones** en cuanto a **acciones**, más que en cuanto a resultados. Si dices "yo soy **simpático**" pero aún no te lo crees, será mejor que empieces por otra frase como "**yo sonrío** a las personas", que es algo que tú puedes hacer claramente, pues es una acción concreta. Esta acción contribuirá a que alcances el objetivo ya que, cuando sonreímos a otras personas, estas comienzan a vernos con más simpatía, por cuestiones biológicas que veremos en la segunda parte de este libro: la isla de la Felicidad.

Hasta aquí la presentación del **modelo mental** de Marisa Peer. Espero que lo apliques en tu día a día, pues es una **herramienta** maravillosa para continuar transformándote. Si además sientes que quieres un apoyo adicional para tu **transformación**, puedes contactar con Arco Iris y te podremos acompañar en un proceso de **coaching** personal, de pareja o de grupo, en función de lo que tú sientas y solicites.

Simone de Beauvoir decía "**la mujer no nace, se hace**". Igual ocurre con el hombre, lo construimos, dejándonos influir por el entorno y los mandatos sociales. Ahora sé que yo puedo construirme, dejando atrás lo que no me sirve... igual que cada persona que despierte y empiece a ser consciente de todo su poder.

De hecho, cada vez somos más quienes ni siquiera necesitamos reivindicar la palabra **hombre** y nos sentimos a gusto construyendo una identidad flexible en torno al término **persona**, y desde la consciencia de persona, abandonamos las conductas autodestructivas y las transformamos en conductas nuevas para ser felices...

En cualquier caso, volviendo a las etiquetas, **SER hombre** no tiene por qué ser diferente de **SER mujer**, porque de hecho ninguna de estas etiquetas (hombre y mujer) es tampoco aplicable a la esencia del SER y, por tanto, el día llegará en que, cuando un bebé nazca, nadie preguntará "¿Es **niño o niña**?", porque ese dato no nos aportará ninguna información relevante sobre el nuevo SER que acaba de nacer a la vida. Preferiremos entonces **preguntar por la madre**, que seguramente acabará de pasar por uno de los procesos más **dolorosos y placenteros** de su vida.

"**Simplemente yo**. Simplemente tú."

IDEAS FUERZA
ISLA DEL AIRE: "Identidad"

ETIQUETAS:
Yo no soy las etiquetas con las que me defino.
Definen lo que tengo, hago, siento, pienso...
Las etiquetas no definen mi esencia, mi SER.
Libertad: dejar de identificarme y soltar la carga.
Quiero experimentar para aprender y disfrutar.
¿Qué etiquetas TÚ sabes que ya TE toca soltar?

IDENTIDAD:
Personalidad: conductas, actitudes, creencias...
La personalidad cambia con el tiempo.
Identificarme bloquea mi evolución.
Soy el actor detrás de la "máscara", no el personaje.
Soy quien observa, pura consciencia: soy tú, eres yo.
Soy quien decide cada segundo: ¿Cómo quiero SER?

DIVERSIDAD SEXUAL:
Nuevas etiquetas para desmontar el binarismo.
Sociedad binarista: miedo/juicio; rechazo/castigo.
Cárcel social: me siento cómoda, segura... infeliz.
Salir de la casilla: SER yo y expresarme libremente.
Avance: gente auténtica, transparente y brillante.
Aceptar realidad sin etiquetas: me amo, te amo.

MASCULINIDAD:
Aparentar ser un verdadero "machote".
Conductas y creencias aprendidas en la infancia.
Masculinidad transmitida con violencia.
Las mujeres del S.XXI ya están aquí. ¿Los hombres?
Hombres: despertarse, transformarse y liberarse.
Referentes: Gandhi, Jesús, Lorca, John Stuart Mill...

HACERSE EL MACHOTE SALE MUY CARO:
Infarto, accidentes agresiones, violaciones...
El precio lo pagamos hombres y demás personas.
Superar el miedo al cambio: adiós al machote.
No apego al falso poder: dinero, seguridad, estatus...
Verdadero poder: ser yo, ser libre y ser feliz.
Distinguir mi "voz interior" de las de mi "ego".

EL CAMBIO ES POSIBLE:
Mariposa: dejar de ser "gusano"/"capullo".
Neuroplasticidad: remodelar nuestro cerebro.
Abandonar patrones antiguos: telediario, películas...
Domar la mente: abandonar autocrítica.
Crear alternativas: creencias y conductas positivas.
Revisar cuerpos, relaciones, espacio, tiempo...

MI MENTE, MI ALIADA:
... siempre intenta ayudarme.
... se deja influir por lo que digo y pienso.
... prefiere aquello que le resulta familiar.
... siente placer al terminar tareas incómodas.
... es una máquina de hábitos y costumbres.
... se motiva con recompensas.
... está interiorizando "Yo sí valgo y todo irá bien".
... le gusta recibir elogios y halagos.

INTEGRACIÓN
ISLA DEL AIRE: "Identidad"

OLA. Nuestra **ilusión** de **identidad** personal se asemeja a la de una ola en el mar. La ola se mueve, la ola va y viene, la ola se expresa de maneras cambiantes... y aun así **la ola es el mar**, y el mar es la ola. Una vez que entiendo y acepto que soy la esencia, y no la forma, tamaño o color, me es fácil sentir que soy lo mismo que todas las otras personas y que todo lo que me rodea.

ICEBERG. Del mismo modo nuestra personalidad se asemeja a un **iceberg** del que vemos las conductas e intuimos bajo el agua los pensamientos, creencias y valores que lo sostienen, tal y como muestra el modelo de Robert Dilts. Cada iceberg es **único**, con una forma y tamaño especiales, con una ruta y un destino propios. Sin embargo, si el iceberg se derrite, veremos su **esencia**, la misma en todos: el **agua** del mar en el que flotaba.

EGO. Mi **transformación**, por tanto, implica **disolver** las partes del iceberg, del **ego**, que ya no me sirven... soltarlas, y quedarme con aquellas que sí... o incluso crear creencias nuevas que me permitan **actualizarme** y vivir esta experiencia humana como la **mejor versión de mí** en cada momento.

MONO. El trabajo de transformación implica aprender a **"domar"** la **mente**, ese **mono inquieto** que salta de rama en rama generando hasta 90.000 pensamientos al día. Tener multitud de pensamientos es normal: ese es el trabajo de la mente.

VIENTO. La mente es un **viento** incesante que trae y lleva las ideas. Podemos intentar gastar nuestra energía en parar el viento, aunque más práctico aún será **redirigirlo** hacia donde queremos. Hacia **pensamientos positivos** que refuercen las creencias y valores para sostener cómo queremos ser.

ALIMENTACIÓN. Para facilitar tu transformación mental aquí tienes una lista de **11 alimentos**, mejor si son ecológicos, que ayudan a mejorar el funcionamiento del cerebro: aguacates, aceite de coco, arándanos, brócoli, verduras frescas, huevos, nueces, sardinas, cúrcuma, chocolate y agua. ¡Gracias Jim Kwik por la lista!

RECURSOS ON-LINE
ISLA DEL AIRE: "Identidad"

Puedes acceder a los siguientes recursos a través de la página web **www.felixjawara.com**

MÚSICA POSITIVA. Te animo a escuchar estas **canciones** que seguro te ayudarán a tener una **actitud positiva** para transformar tu mente:

Ana Torroja – **"Sonrisa"**
Chenoa – **"Todo irá bien"**

VIDEO CLIP. La historia que muestran las imágenes de esta canción nos enseñan la felicidad de expresar lo que sientes, tal y como eres en tu interior:

HollySiz: **"The light"**
(Vivencias de una niña trans)

PELÍCULAS. También te invito a ver, o volver a ver con otra mirada, dos largometrajes de animación que abordan la identidad y la libertad, además del amor y la amistad:

"Shrek" ("Los ogros son como las cebollas")
"¡Rompe Ralph!" (Toca actualizarse)

AUDIO. Esta reflexión anónima facilita identificar y **soltar patrones antiguos**, y descubrir cómo quieres ser ahora:

"Ya no me veo"

"Ya no me veo contestando cada **insulto** que me dan. Simplemente he aprendido que el insulto no es para mí, es para la persona misma que me lo está dando.

Ya no me veo escuchando cada **queja** de la gente alrededor. He aprendido a respetarme y a decidir no ser el basurero emocional de nadie. Ya no tomo responsabilidades que no me corresponden, ni explico por qué no lo hago.

Ya no discuto con la gente para salvar mi **honor** o mi nombre. Eso es solo parte del ego que me ha llevado a equivocarme y que no le ha aportado mucho a mi vida. Quien crea que tengo honor, que lo crea, quien no: lo respeto y bendigo su camino.

Ya no me veo angustiada porque **alguien** deja de hablarme o alguien ya no me quiere en su vida. Es su vida y es su espacio, por lo tanto respeto la decisión, de todas maneras si ya no me desea cerca, no creo que tenga mucho para aportarme.

Ya no me veo preguntando **aquí y allá** por algo que quiero saber. Si lo quiero saber, voy a la fuente y me comporto de manera madura.

Todos los días, me descubro, me callo y **miro dentro de mí**. No es que menosprecie a nadie, es que estoy muy asombrada de mí misma, y ahí es donde deseo mi energía para vivir.

Ya no me veo caminando por la vida sin luz, sin **magia**, sin amor incondicional, sin mis ángeles y maestros. Ya no me veo pensando que dios está afuera de mí y que el cosmos es algo lejano que nunca conoceré.

Hoy ya no me veo como me veía hace unos días, semanas, meses o años, y es que decidí que cada día era necesario **evolucionar** y que cada día podía usar mi varita mágica para obtener lo que me hace feliz."

DESCANSO, INTEGRACIÓN, RECARGA...

Antes de entrar en la siguiente isla, te invito a tomarte 5 minutos de descanso para integrar la isla de la identidad. Puedes levantarte, mover los brazos, beber un vaso de agua y respirar varias veces, profundamente...

Además puedes sacudir tu cuerpo y mover lentamente tu dedo índice delante de tus ojos, dibujando en el aire un símbolo del infinito, o un ocho tumbado, a la vez que sigues con tus ojos la punta de tu dedo para crear nuevas conexiones entre los lados izquierdo y derecho de tu cerebro.

2. <u>ISLA DEL AGUA:</u> "Felicidad"

Hasta hace unos años la **Real Academia** de la Lengua Española definía la felicidad como "Estado de ánimo que se complace en la **posesión** de un bien".

¿Te habías dado cuenta de lo **materialista** que era la sociedad en la que nos hemos criado? No es que la materia sea mala, al contrario: ¡es estupenda! Simplemente teníamos una **visión desenfocada** sobre su papel, desde una concepción desequilibrada de la vida.

Hoy en día, y desde 2014, el diccionario oficial de la **R.A.E.** define la felicidad como "Estado de grata **satisfacción** espiritual y física". Nos acercamos al equilibrio entre lo **físico** y lo **espiritual**... ¡ya era hora!

Para muchas personas la **búsqueda** de la **felicidad** ha sido un **objetivo** a lo largo de gran parte de la vida, como si se tratara de algo que teníamos que **encontrar fuera**. De hecho, esta falta de comprensión sobre la felicidad convertía la propia búsqueda, y la vida de muchas personas, en un camino de **frustración**, angustia, rabia... que muchas veces se transformaba en **violencia**.

A continuación vamos a profundizar en la felicidad desde una perspectiva científica, pero antes de ello te invito a coger de nuevo **papel y lápiz**, o el bloc de notas del móvil, para escribir la siguiente pregunta y responderte con **honestidad**. Con un simple **SÍ** o **NO** es suficiente:

¿Yo **soy feliz**?

Una vez tengas tu respuesta a la anterior pregunta, te pido que te plantees una nueva cuestión. Para responder te propongo que cierres de nuevo los ojos y que escuches **dentro de ti** la respuesta. Una vez tengas tu respuesta, escribe tu lista de lo que crees **necesitar** para ser feliz. Y cuando la tengas terminada te invito a continuar leyendo:

¿Qué me hace falta para sentirme feliz?

¿Y si te digo que para **SER FELIZ** no necesitamos nada? Lo que seguro sí que necesitamos es desarrollar la capacidad de **conectarnos y sentir** nuestra felicidad interior. Nada de lo que hay hoy aquí es responsable de mi felicidad y, por supuesto, nada del pasado puede serlo, pues ni siquiera existe ya, y nada del futuro tampoco, pues aún no ha llegado. Por tanto, yo soy responsable de sentirme feliz **AQUÍ y AHORA**.

Fíjate que, igual que en el capítulo anterior en el que hablábamos de la IDENTIDAD, utilizamos también aquí el verbo SER para hablar de la felicidad. Lo utilizamos con plena consciencia porque la felicidad forma parte de nuestra esencia, es decir: "SER" es **siempre** "SER FELIZ".

Imagínate una persona que se identifica con frases del estilo de "Yo soy una persona **triste**, apocada, miedosa...". También esta persona, más allá de su **máscara**, en su esencia, es FELIZ, aunque no esté permitiéndose sentir la felicidad en su experiencia de vida.

En la vida hay momentos en los que decidimos **desconectamos** de nuestra esencia, de esa felicidad y paz interiores intrínsecas al SER, casi siempre echando la **culpa** a lo que ocurre en el **exterior**. En otros momentos, sin embargo, SÍ optamos por sentir la felicidad en nuestro interior, incluso aunque fuera esté ocurriendo "**lo peor**".

Volvamos por un momento al **origen**. Imagínate en el vientre de tu madre antes de nacer: ¿eras feliz? ¡Seguro que sí! Tenías motivos para **confiar en la vida**, con todo lo que necesitabas a tu alcance: alimento, refugio, calor humano... Sin embargo, en algún momento tras el nacimiento, o incluso antes de nacer, empezaste a **desconfiar** y comenzaste a desconectarte de tu felicidad, al sentir **miedo** y ansiedad, y al **aprender** de la familia y el sistema mil y una maneras de "sentirte infeliz".

Si asumimos que la felicidad es nuestro estado natural del SER, es evidente que lo verdaderamente difícil es NO ser feliz... y en cambio ¡lo conseguimos muy a menudo!

Desde la costumbre, nos **desconectamos** de la felicidad en cada momento en que elegimos, casi siempre inconscientemente, poner mucha energía en repetir **patrones** familiares, culturales y sociales que nos alejan de nuestro propio SER.

"La felicidad me pertenece. Es mi **derecho**."

Demos otro salto hacia adelante y asumamos también que SER FELIZ es de hecho nuestro **derecho inalienable**: nadie nos lo puede quitar. En realidad, sí hay una persona, y sólo una, que puede **impedirme** sentir la felicidad: **YO**.

Puesto que, por tanto, únicamente yo soy responsable de sentir la felicidad, te propongo profundizar en las siguientes páginas sobre los **mecanismos** físicos que puedo utilizar como ser humano para conseguir **conectarme** con ella. Realizaremos cinco paradas en la isla del AGUA y la Felicidad:

2.1. **Inteligencia emocional**.

2.2. Miedo: el **estado de alerta**.

2.3. La **bioquímica** de la felicidad.

2.4. **Paz interior**: una llamada al **Amor**.

2.5. **Hábitos** para mi felicidad: **Feli-disciplina**.

2.1. INTELIGENCIA EMOCIONAL

El **cerebro humano** es un sistema complejo que puedo imaginar de forma más simple como la superposición de 3 cerebros: el cerebro **reptiliano**, el cerebro **paleo-mamífero** y el cerebro **primate**.

Este modelo, descrito por Paul MacLean el siglo pasado y publicado en 1990 en su libro *"The triune brain in evolution"*, se basa en la idea de que nuestro cerebro actual es el resultado de las aportaciones que hemos recibido en el pasado en las diferentes etapas de la **evolución de las especies**.

Para mantenerme en conexión con mi felicidad debo aprender a **armonizar** mis tres cerebros, pues cada cual aporta funciones importantes para el **sostenimiento** de la vida humana. A continuación analizo estos cerebros del modelo de MacLean para después centrarnos en las emociones.

CEREBRO REPTILIANO
Primario, binario, agresivo...

Mi cerebro reptiliano, también denominado cerebro **primitivo**, controla las **funciones básicas** corporales para la supervivencia: el ritmo cardíaco, la respiración, el sueño, el **estado de alerta**... Además se encarga de regular conductas instintivas y emociones primarias como el **miedo**, el hambre, el deseo sexual... y almacena ciertos tipos de respuestas y **acciones simples** aprendidas y que no requieren atención consciente: andar, montar en bici, reacciones emocionales, **reflejos**...

Este cerebro reptiliano responde de manera binaria ante los estímulos que recibe, generando respuestas a la pregunta "¿**Peligro**?". Si la **respuesta** es sí, generará una orden en función de los hábitos y aprendizajes más arraigados en el individuo: **atacar, paralizarse o huir**.

En esta parte del cerebro se generan, por tanto, los **comportamientos obsesivos** y rutinarios, la territorialidad, la dominación, la agresividad y el **pensamiento binario**: todo o nada, conmigo o contra mí, yo aquí dentro y el mundo ahí fuera. Se trata de la parte más **conservadora** de nuestro cerebro y la responsable de muchas de nuestras conductas motivadas por el **MIEDO**.

Este cerebro fue clave para nuestra supervivencia cuando vivíamos en entornos salvajes, rodeados de **depredadores**. Sin embargo, hoy en día **ya no vivimos en la selva** colgados de los árboles ni hay tigres sueltos en nuestros barrios. La inmensa mayoría de las situaciones que interpretamos como peligrosas no lo son realmente, así que más me vale relajarme y disfrutar de la vida, en vez de pasarme el día controlado por mi propio miedo, creyendo que alguien me acecha y que algo malo va a ocurrirnos a mí o a mis "crías".

De este modo, cuando vivimos desde el **MIEDO** y permitimos que sea esta parte de nuestro cerebro quien controle nuestra experiencia, nos amargamos la vida, siempre a la expectativa de **problemas** ante situaciones que no suponen **ningún peligro real**... y esto nos desconecta de la posibilidad de sentirnos felices.

CEREBRO PALEO-MAMÍFERO
Límbico, emocional, empático...

El cerebro límbico corresponde al de los mamíferos primitivos y se encarga del **metabolismo** general: regula la presión arterial, la temperatura corporal, los niveles hormonales, la digestión...

Este cerebro, encargado de las **emociones**, me permite sentir **empatía** y distinguir entre lo agradable y lo desagradable, facilitando el desarrollo del sentido de **manada** y el cuidado de las crías. Gracias a este cerebro, un mamífero no se comerá a sus crías al sentir hambre, algo que los reptiles sí hacen ante la falta de alimento, al no sentir empatía.

Sin duda nuestro cerebro emocional ha permitido que nos desarrollemos como especie para alcanzar niveles más altos de **evolución** y desarrollo, creando lazos, **comunidades**... además de facilitar nuestra propia evolución como individuos.

CEREBRO PRIMATE
Neocortex, racional, imaginativo...

El tercer cerebro es el responsable del razonamiento lógico, el pensamiento abstracto, la **imaginación**, la capacidad de **inventar** y el lenguaje simbólico. La combinación de la capacidad de sentir empatía del cerebro paleo-mamífero, con la imaginación y racionalidad del primate, nos posibilita desarrollar actitudes superiores como el **altruismo**: siento lo que tú sientes, me imagino una situación nueva en la que nos sentimos mejor (visión) y puedo crear un plan lógico-racional para conseguirlo (metas).

LAS EMOCIONES: MI BRÚJULA

Hablemos de la comida y algunos aprendizajes básicos sobre el **hambre**. Muchas veces al sentir hambre he creído que podía saciar esa sensación comiendo, pues a nivel mental me surge la idea de la **necesidad de comer**. Sin embargo, tras comer, a veces, no he sentido saciada el hambre porque, en realidad, el hambre era tan sólo el síntoma de algo más: alguna **emoción** de la que no estaba siendo consciente, como la **ansiedad**, la tristeza...

¿Conoces personas que **comen** mucho porque se sienten tristes o estresadas? Seguro que sí. Y tú... ¿alguna vez has comido porque sentías la necesidad de **calmar esa tristeza** o ansiedad? Seguro que también, aunque tal vez no hayas sido **consciente** en el mismo instante en que lo hacías.

Hablemos ahora de la **sed**. Igual que con el hambre, al sentir sed normalmente se activa un pensamiento en mi cabeza que dice "voy a **beber agua**", pues en la infancia aprendí que la sed indicaba que necesitaba beber. En cambio, ahora sé que puedo sentir la **garganta seca** y las ganas de beber sin que mi cuerpo realmente necesite agua, por ejemplo cuando no me atrevo a decir algo que es importante para mí, y estoy sintiendo **miedo**, rabia...

¿A ti te explicaron en el colegio las **emociones**? ¿Cuántas hay? ¿Para qué sirven? A mí no. De hecho, hasta hace algunos años no las entendía, no reconocía sus efectos en mi cuerpo y dejaba que me inundaran, tomando **decisiones** sin **inteligencia** emocional y sufriendo sus **efectos** a nivel físico, en las relaciones interpersonales...

El "**Emocionario**", libro maravilloso para "peques y grandes" que mi hijo pidió para su cumpleaños cuando tenía 11 años, recoge 42 estados emocionales. Por su parte un estudio de la Universidad de Berkeley, California, identifica sin embargo 27 categorías en relación a las emociones. Para simplificar te propongo estas **10 emociones básicas**: cinco **desagradables** (miedo, ira, culpa, asco y tristeza), cuatro **agradables** (seguridad, curiosidad, admiración y alegría) y una **neutra** (sorpresa).

En cualquier caso, más allá de las clasificaciones formales, quiero compartir contigo cinco **saltos cualitativos** que he experimentado en los últimos años en mi aprendizaje personal sobre las emociones:

1... YO "NO" SOY MIS EMOCIONES

La primera vez que creí entender qué eran las emociones fue viendo con mi hijo una **película** de Disney-Pixar: "**Del Revés**" ("Inside Out"). La protagonista, una niña a punto de entrar en la **adolescencia**, nos muestra cómo cinco emociones manejan su **estado de ánimo** desde la "zona de control".

Aquel día **disfruté** muchísimo porque me di cuenta por primera vez de que YO no era mis emociones, simplemente hasta ese momento **me había dejado controlar** por ellas: YO no era la tristeza, aunque la sintiera; tampoco mi hijo era la rabia, cuando la sentía y la exteriorizaba...

Desde la adolescencia había creído que tenía que evitar a toda costa **sentir rabia o tristeza**, y ahora entendía que era **normal** sentirlas y que simplemente tenía que poner la atención en **evitar que me invadieran**.

2... MIS EMOCIONES SON "MÍAS"

El siguiente aprendizaje fundamental fue entender que lo que siento dentro es completamente mío. En cambio yo solía pensar que la responsabilidad de lo que sentía estaba fuera: el **entorno** y las demás **personas** eran quienes "**me provocaban**" para que yo sintiera lo que estaba sintiendo.

Frases del estilo de "tú me enfadas", "la oscuridad me asusta", "eso me da asco" o "me alegras la vida" ocultaban la realidad de que **yo me enfadaba** solito, de que el asco y el miedo eran míos y de que yo era al **100% responsable** de mi alegría.

Nadie más que yo es responsable de mi miedo, mi rabia, mi ansiedad, mi tristeza... igual que ocurre con mi alegría y mi felicidad. **Yo decido**, a veces inconscientemente, qué voy a sentir, en función de las **creencias** que tengo y de qué **interpretación** hago de la realidad.

Por eso, lo que **siento** en relación a otras personas tiene siempre que ver conmigo mismo. Las otras **personas** son como espejos y, al relacionarnos, me **reflejan** mi interior y así puedo entender mejor lo que tengo dentro: las **heridas** a sanar, los cambios a realizar en mis **creencias**... Se trata de la **ley del espejo**, y tener consciencia de ella me devuelve todo el poder para mi crecimiento y felicidad.

86

3... SIENTO, RESPIRO Y SUELTO

Ahora veo la salida. Antes no la veía: pensaba que **gestionar** las **emociones** era algo difícil. Hoy en día, en vez de quedarme emocionalmente **atrapado** en alguna circunstancia, sé lo que debo hacer en el momento en que comienzo a experimentar una emoción: primero, llevar la atención al **cuerpo** para permitirme **SENTIR**.

Además de en la **cabeza**, tenemos redes neuronales en el **estómago** y el **corazón**. Cualquier suceso que ocurre en el exterior provoca un primer impacto en las redes neuronales de nuestro tracto intestinal, desatando una reacción visceral que posteriormente será valorada por los enlaces del corazón y finalmente analizada en el cerebro craneal. Por ello, si prestamos atención, podemos **sentir** ciertas emociones en la boca del estómago o en el corazón.

Para evitar que la emoción pueda **invadirme**, a la vez que la siento, la escucho y la reconozco, pongo mi intención en **RESPIRAR**.

Por último, si la emoción es **desagradable**, en vez de regodearme en ella, toca dejar que se disuelva: cambiando mi postura, bailando, sacudiendo los brazos, llorando o sonriendo... así me aseguro de que no se quede enquistada dentro de mí ni acabe proyectándola hacia el exterior: **SOLTAR.**

Antes pensaba que las **emociones desagradables** eran negativas y deseaba no tenerlas. Hoy en día, gracias en parte a la biodanza y la danza primal que empecé a practicar hace un año, entiendo que las emociones son mis **maestras**, pues me muestran el camino para seguir creciendo.

4... NO ES REAL, SON MIS CREENCIAS

Las emociones que siento en relación a una circunstancia, persona, cosa... responden al **modelo mental** que yo tengo en relación a esa circunstancia, persona, cosa... Así que, tras sentir y reconocer una emoción desagradable, debería poner mi intención en **reconocer** cuál de mis **creencias** es la que está despertando esa emoción en mí, para poder cambiarla.

Por ejemplo, si yo creo que la **separación** de una pareja es algo negativo y que hace a la gente infeliz, entonces me sentiré **triste**, o incluso **enfadado**, cuando mi novio me diga que la relación ha terminado, o incluso previamente se me activará el **miedo** ante la posibilidad de que la relación pueda acabarse. Es posible que, por debajo de esa creencia, haya otras más profundas: "No puedo **ser feliz sin pareja**" o "Para sentir que **valgo** necesito que alguien me valore".

Las emociones me están informando de que aún tengo **creencias obsoletas** y que debo instalar nuevas creencias. Para el ejemplo anterior podríamos afianzar esta nueva creencia: "Yo **soy responsable de mi felicidad** y puedo ser feliz sin pareja, en pareja e, incluso, durante una separación".

Tras sentir una emoción desagradable convendría que me pregunte: "Si la situación ante la cual me siento así durara **para siempre**...

¿Qué **cualidad** debería yo **desarrollar** en mí para sentir paz mental?

Tenemos pues la suerte de tener un "**sistema de navegación**" interno, una **brújula** que nos indica si estamos en conexión con nuestro SER. Las emociones nos hablan del nivel de **coherencia** entre lo que **pienso**, **digo** y **hago** en relación a mi verdadero **SER**, y son, por tanto, una herramienta clave para detectar **creencias** y conductas obsoletas que me alejan de mi felicidad y, una vez detectadas, puedo **cambiarlas** para así crecer y seguir avanzando.

TEST "HETERO-SEXUALIDAD"

Para terminar esta sección te invito a contestar 5 de las preguntas del cuestionario "heterosexualidad" de la federación andaluza Arco Iris:

1. ¿Cuándo descubriste tu heterosexualidad?
    a) De siempre.   b) En mi adolescencia.
    c) Hace poco.   d) Aún tengo dudas.

2. ¿Te costó mucho aceptar tu heterosexualidad?
    a) Un poco.   b) Sí, aún me cuesta.
    c) En realidad estoy muy feliz.

3. ¿Conoces casos similares? (personas hetero)
    a) Sí.   b) No.
    c) No lo sé. La gente no habla de esas cosas.

4. ¿Te han discriminado alguna vez por ser hetero?
    a) Algunas veces.   b) Sí, continuamente.
    c) No.   d) No, lo oculto.

5. ¿Has pedido ayuda psicológica?
    a) Sí, muchas veces.   b) Estoy en tratamiento.
    c) Tengo miedo a que no me entiendan.

Una vez que hayas elegido tu respuesta a cada una de las anteriores preguntas, te invito a **conectarte con tu cuerpo** para revisar tus emociones:

¿Qué has sentido al leer las anteriores preguntas?

La mayoría de personas afirman que el cuestionario les parece "**raro**" y comentan que han sentido "confusión", "sorpresa", "incomodidad"... Cuando les preguntamos por qué se han sentido así llegan a la conclusión de que este cuestionario entra en **contradicción** con una de sus creencias: "la heterosexualidad es lo **normal**".

Desde hace más de una década utilizo este cuestionario en los talleres educativos de Arco Iris, pues gracias a él muchas personas sienten por primera vez **empatía** con las personas homosexuales, bisexuales o asexuales y entienden cómo se pueden sentir en un contexto donde las **orientaciones** no heterosexuales se ponen en duda. Igualmente les ayuda a revisar sus creencias sobre lo que es "normal" y "**natural**".

Recuerda: tú **no eres tus emociones**, aunque tus emociones **son tuyas** y responden a tus creencias. Por tanto, son la **brújula** que te ayuda a saber qué **creencias** debes **cambiar** para mantener la conexión con tu felicidad. Simplemente te toca sentir, respirar y soltar... para evitar que te estallen dentro o exploten hacia fuera y salpiquen a alguien:
      1... Yo "no" soy mis emociones.
      2... Mis emociones son "mías".
      3... Son mi brújula: coherencia.
      4... No es real, son mis creencias.
      5... Siento, respiro y suelto.

2.2. MIEDO
EL ESTADO DE ALERTA

Ante situaciones que mi cerebro percibe como peligrosas o amenazantes, mi cuerpo produce sustancias que generan un estado de contracción o de alerta máxima para permitirme "atacar", "huir" o "quedarme inmóvil": **adrenalina,** noradrenalina y **cortisol.** Estas 3 hormonas, ancestralmente clave en nuestra supervivencia como especie, son la respuesta de nuestro organismo a la emoción del **miedo** y se encuentran en el origen de muchas **enfermedades** y dolencias **actuales**.

El cuerpo reacciona al miedo produciendo **adrenalina**, se activan los mecanismos de supervivencia más primarios, el cuerpo se **energiza** a costa de **suprimir** el funcionamiento del sistema **inmunitario** y otras funciones vitales de **reparación** de tejidos. De hecho, en estas circunstancias llegamos a producir dopamina, sustancia básica asociada con el **placer** y las adicciones que veremos en el siguiente capítulo.

En general, resulta muy fácil saber si estamos o no en el estado de alerta, simplemente prestando atención a la boca:

... **ALERTA: boca seca, saliva espesa** y amarga

... FELICIDAD: boca húmeda y saliva transparente

Echando la vista atrás, ahora soy consciente de que durante muchos años viví en el estado de alerta, con **miedo** a cosas cotidianas que me mantenían en tensión.

Durante toda la **adolescencia** viví con miedo a que alguien se diera cuenta de que me gustaban algunos chicos, así que estaba casi permanentemente en estado de alerta, intentando **aparentar** lo que no era. Durante aquellos años **enfermaba** con bastante frecuencia y sentía **ansiedad**, aunque creía que ese era el estado normal que me tocaba vivir. No era consciente de que tenía elección y podía salir de él.

Siendo **adulto** también muchas veces he entrado en estado de alerta, de nuevo con miedo al **rechazo** de otras personas, por ejemplo, en el **trabajo**: esforzándome más de la cuenta para **demostrar** mi valía. También en las **relaciones** familiares y de pareja, saltando ante cualquier tontería: una tapa del **váter** levantada; unos residuos mezclados en la **papelera**, en vez de depositados en el cubo de reciclado...

El **miedo** que antes nos ayudaba a estar alerta para prevenir el ataque de un **tigre**, ahora se me despierta ante situaciones que ya no son peligrosas y que puedo convertir en un **drama** que parece inundarlo todo. Cuando, ante el miedo, tan sólo me toca sentirlo, respirarlo y soltarlo, tal y como vimos en el capítulo anterior, para comprender qué **lección** quiere darme sobre mi falta de **seguridad** y amor propio.

De hecho, el miedo es la emoción que más me puede enseñar sobre las **transformaciones** que debo realizar, pues es una de las emociones de menor frecuencia **vibratoria**, se encuentra en el origen de todas las demás **emociones negativas** y me ayuda a descubrir aquellas creencias antiguas y obsoletas que aún quedan en mí.

ADRENALINA PARA SENTIRME VIVO

Parece obvio que, si quiero conectar con la **felicidad**, debería apostar por **alejar** de mi experiencia de vida los mecanismos asociados al **estado de alerta**. Sin embargo, muchas personas, sobre todo hombres, solíamos buscar situaciones de peligro para producir adrenalina y sentirnos "vivas".

Disfrutar superando el **miedo** es uno de los mecanismos que nos lleva a **descubrir** nuevas **posibilidades** que, de otra forma, nunca nos plantearíamos. Este disfrute en relación a lo desconocido nos ha ayudado como especie a lo largo de la historia a **explorar** nuevos territorios e incluso a **experimentar** nuevas formas de relacionarnos y vivir. El miedo puede, sin duda, ser una **brújula** para crecer, siempre que lo utilice inteligentemente para salir de la **zona de confort**, a la vez que **minimizo** el riesgo al que me expongo.

Sin embargo, el **gusto excesivo** por el riesgo se torna en una **desventaja**, incluso a nivel evolutivo, ya que, por lógica, puede conllevar una **muerte** rápida y la **extinción** de los genes.

¿Tengo una **adicción al peligro**?

Muchos hombres la hemos tenido: **perdido** en una **vida rutinaria**, desconocedor de mi propósito de vida y **desconectado** de mi propio **cuerpo** y mis habilidades para gestionar las emociones, aprendí a ponerme en peligro para demostrar ser un machote. Durante los instantes de riesgo creía llenar mi **vacío interior**, para inmediatamente después volver a sentirme vacío y desear otra dosis de adrenalina.

MIEDO Y MASCULINIDAD:

La mayoría de **hombres** aprendimos a aparentar no sentir miedo. Sin embargo, lo sentimos, pues el **miedo** es completamente natural. Para evitar ser rechazado por esa "falta de masculinidad", ocultaba el miedo e intentaba **reprimirlo**. El resultado era que el miedo se transformaba en rabia... y cuanto más reprimía el miedo, más **rabia** acumulaba, hasta que esta explotaba convertida en **violencia**.

Tradicionalmente se nos ha enseñado que la **rabia** y la violencia sí son **aceptables** en los hombres. Por ello, la rabia sí que la expresaba e, incluso, la proyectaba sobre otras personas. Así, algunos hombres se muestran violentos y se identifican con la **violencia**, sin ser conscientes de que ese miedo está originado en sus **inseguridades** y miedos internos, gestados desde la infancia.

Tengo grabado un recuerdo de **infancia** en el que sentí el miedo recorrer mi cuerpo, en la propia calle en la que me crié. Un grupo de **amigos** vino a jugar en la puerta de mi casa. Enfrente vivía un chico con **síndrome de Down** mayor y mucho más grande que nosotros. Él quería jugar con el grupo y los otros le hacían **burlas**: agresiones verbales que surgían del miedo a la diferencia y la supuesta necesidad de sentirse parte de un **grupo de iguales**.

Hubo un momento en que uno de mis amigos debió sentir más miedo de la cuenta y comenzó a **insultar** a mi vecino. Unos minutos más tarde aquel grandullón con síndrome de Down yacía en el **suelo** a la vez que todos los chicos le daban **patadas**. Aún se me pone un nudo en el estómago al recordarlo. Yo tenía mucho miedo... y también le pegué.

Hoy entiendo que sólo **daña** a otra persona quien ha sido **dañada** previamente. Si ejerzo **violencia** contra alguien, yo he sido **violentado** previamente en algún momento anterior: es el círculo de la violencia. Alguien me hizo alguna **herida** en la infancia y, sin ser consciente, antes de haberla entendido y sanado, comencé a herir yo a alguien más. Eso no me exime de la responsabilidad de mis actos, pero sí me hace comprender la manera de acabar con la violencia: dejar de **vivir** en el miedo.

Nos hemos criado en una sociedad basada en el **miedo**: miedo a los **castigos**, a llegar el último, a **fracasar**... miedo a no sacar las notas que me exigen, al **rechazo**, a quedarme solo... miedo a los extranjeros, a los pobres, a la **policía**... miedo a la propia violencia... y el miedo no resuelto se transforma primero en rabia y luego en violencia. Por eso, si queremos construir una **sociedad libre** de violencia, deberíamos dejar de vivir y educar desde el miedo, pues así creamos "**machos abusadores**". Ya llega el momento de **educar desde el amor**.

DELITOS DE ODIO Y AUTORIDAD

En el año 2010 comencé en Jaén a impartir talleres sobre lgbti+ y prevención de delitos de odio para **policías** locales. En ellos explicaba el **odio** como una emoción compleja compuesta de **miedo** y **rabia**, facilitaba información legal sobre estos delitos y técnicas policiales para detectarlos y **atender** a las posibles **víctimas**. La intención de estos talleres era revisar con agentes varones las masculinidades y facilitarles su transformación personal desde la **comprensión emocional**.

Varios años más tarde, en Benalmádena, recuerdo subir por las escaleras de la **jefatura** de la policía local antes de impartir uno de los **talleres**. Dos **agentes** jóvenes iban delante de mí. Uno preguntó "¿De qué va la formación de hoy?". El otro respondió "Hoy vienen los **maricones**". Ambos se rieron. Al entrar en la sala y sentarse se dieron cuenta de que quien se había colocado junto a la pizarra para impartir el taller era el mismo que había subido justo detrás de ellos. Se pusieron colorados de **vergüenza** y uno de ellos se levantó y me pidió **perdón**. Yo entonces le pedí permiso para utilizar lo que había pasado como ejemplo de masculinidades insanas.

¿Qué miedo esconde ese tipo de frases con insultos?

El miedo al **rechazo**: alguien puede rechazarme a mí si me oyen hablar con naturalidad y en tono amable sobre la homosexualidad. El miedo a ver rebajado mi **estatus** en la "manada" si no parezco **agresivo** con el tema.

En los cuerpos policiales, igual que en otros entornos con presencia casi **exclusivamente** de hombres, se reproducen muchos de los mecanismos sociales del miedo. Un agente de policía no debe mostrar miedo, pero en cambio debe respetar una **estructura** basada en el miedo a una **autoridad** superior.

La policía está para facilitar la **convivencia**, en cambio socialmente se les vincula con la **represión** y su rol más visibilizado es el de acudir en "estado de alerta" en respuesta a la **violencia**, para tratar de "**controlar** la vida" cuando esta se "desmadra".

Sin duda es una **profesión** en la que hace falta tener mucha **consciencia** para no dejarse invadir por el miedo, la rabia y la violencia. Por eso, yo **admiro** a los hombres y a las mujeres **policías** y guardias **civiles** que desempeñan esa profesión desde la empatía, el respeto, la aceptación de la diversidad... siendo ejemplo de vida desde el **amor** y no desde el miedo. Además, agradezco de corazón a quienes, desde los diferentes cuerpos policiales, están difundiendo la **exposición** "Libres e iguales" que diseñamos en arco iris para visibilizar estas temáticas en las comisarías, jefaturas y cuarteles.

VIOLENCIA Y ACTIVISMO LGBTI

Hace unos 10 años participé en **Estonia** en la organización de la primera manifestación por la igualdad de **derechos** para las personas lgbti+. Lo que la gente suele llamar el "**orgullo**". En un momento de la marcha un grupo de **neo-nazis** comenzó a tirarnos **piedras**. Yo fui agraciado con un certero golpe en la sien, justo al lado del ojo izquierdo... Comencé a **sangrar** abundantemente y estuve a punto de caer al suelo. Un amigo francés me agarró y me refugió en un restaurante cercano.

Sentí miedo, rabia, impotencia, dolor... aunque no podía pensar. Sólo quería encontrar refugio, protegerme. Al poco de estar sentado en aquel restaurante empecé a sentir mucha **calma**: la mirada de **cariño** de aquel francés y su **mano** apoyada sobre la mía me ayudaron a recuperar la sensación de **seguridad** que, un rato antes, una piedra había evaporado.

Cuando salí del hospital, después de los 5 puntos que me pusieron, fui a la comisaría. Mi **mente racional** se había activado de nuevo, envuelta en el miedo y la rabia que no había aún gestionado: pensaba en los **neo-nazis** y quería conseguir que los detuvieran: eran "**gente mala**". En ningún momento quise ver que ellos eran también "machos **abusadores**" a quienes alguien había dañado previamente, dominados por su propio **miedo** ante nuevas ideas que ponían en duda sus **creencias**, su programación mental.

Como muchas otras personas **lgbti+,** he sufrido **violencia**: discriminación, amenazas, insultos, golpes... He crecido en el **miedo** y asumí que la sociedad me odiaba. Con mucha **rabia** acumulada en el cuerpo, veía **enemigos** por todas partes y, a veces, justificaba la violencia como defensa, por ejemplo fomentando leyes contra la **libertad** de expresión de nazis y "similares"... sin ser consciente de que así permanecía en el **círculo del miedo**, al asumir la **intolerancia** como bandera.

Entonces aún no había oído la frase: "**Aquello a lo que te resistes, persiste**". La paz no puede encontrarse en el círculo del miedo, pues ahí no me permito conectar con mi felicidad y, además, **contribuyo** a la **violencia** que quiero contrarrestar.

Para acabar con la violencia he de superar el miedo y vivir desde el amor: aceptación, comprensión e, incluso, **compasión** por quienes no me entienden o atacan. Ver a quienes me agreden como lo que son: **personas dañadas** que viven aún desde el **miedo**.

COMPETITIVIDAD Y DEPORTE

La competitividad es otro de los factores que incitan el "estado de alerta". Si lo importante es ganar, entonces sentiré miedo a **perder** el partido y, con él, mi honor e identidad. Desde esa perspectiva veré al "equipo contrario" como mis "**enemigos**". El deporte es un ámbito con mucha influencia social donde aún se fomenta la **competitividad** insana. Resultado: mucha **violencia** en los campos y en las gradas, que posteriormente se traslada a otros ámbitos de la sociedad.

Si queremos evitar esta violencia, además de aprender a **gestionar** el miedo y la rabia, también nos conviene transformar la forma de vivir el deporte y, en general, todas las actividades humanas, empezando a dar un **valor** primordial a **compartir** objetivos comunes y **cooperar** con otras personas, a **disfrutar** de la actividad en sí y sus **procesos**... en vez de centrar la atención en el resultado, la competición, la lucha... Por ejemplo, al jugar al fútbol podemos centrar la atención en la cooperación dentro del propio equipo, y en el "*fairplay*" y los "buenos tratos" con el otro equipo, el cuerpo arbitral...

Incluyendo los valores anteriores, hace unos años participé en el diseño de la exposición "El **armario deportivo** abre sus puertas", una muestra didáctica para **visibilizar** la diversidad sexual y facilitar cambios de **consciencia** en estadios, pabellones, pistas y gimnasios. Si te interesa, puedes visitarla gratuitamente en internet e, incluso, solicitar una copia impresa a Arco Iris para exhibirla en tu municipio.

ABANDONAR EL DRAMA

Para terminar este capítulo sobre el miedo y el estado de alerta me gustaría compartir contigo uno de los momentos en que más **sufrí** y más **violencia** sentí brotar de mí. Todo empezó como un buen sueño que transformé en **pesadilla**: me habían asignado un puesto de **profesor** de Inglés y Francés en la Escuela de Arte de Úbeda. Por primera vez llevaba la jefatura de un departamento, la coordinación de un grupo de profesorado, la tutoría de un bachillerato y la responsabilidad de igualdad en el Consejo Escolar. Me sentía "como un **rey**".

Me creía con **poder** de hacer todo cuanto siempre había querido: usar la educación para dar **ejemplo** al alumnado de transparencia, honestidad, **libertad**... y compensar así lo que yo no había sentido en mi adolescencia. Sin embargo, 3 semanas después de empezar a trabajar me enteré de que el alumnado llamaba a la directora de la escuela "la **Hitler**" y empecé a sentir que a ella no le gustaban las actividades que yo ponía en marcha... Comencé a verla como un **enemigo** que quería fastidiarme... y dejé que el **miedo** me invadiera.

Varios meses después la **inspección** hizo una visita al centro porque la directora quería que me controlasen. Mi miedo no gestionado se había ido transformando en **rabia** y explotó: comencé a buscar irregularidades en su gestión y la denuncié públicamente. Empecé a tener muchos **dolores** de cabeza, **contracturas** musculares en la espalda... y aún no era capaz de ver que todo eso me lo estaba provocando yo. Pensaba que era ella la **culpable**. Acabé dándome de baja un mes antes de final de curso y ya no volví nunca a trabajar allí.

Recuerdo una conversación en la que me sorprendí a mí mismo diciéndole a mi novio "Me dan ganas de ir a buscarla a su casa y **matarla**". Nunca antes había deseado matar a alguien y esa frase me hizo ver que yo estaba completamente fuera de mí. Había llegado a mi **límite** de sufrimiento.

Hoy en día siento un **agradecimiento** profundo por aquella directora que me ayudó a desencadenar mi propia transformación: entender mis miedos y empezar a **amarme de verdad**. Ahora sé que **no es necesario sufrir** para aprender y crecer. Entonces creía que ya lo sabía todo y que siempre podía llevar razón. Hoy mi lema es otro:

"Prefiero ser feliz a llevar la razón."

Ahora veo que pasé gran parte del curso envuelto en el **drama**, en vez de **disfrutar** al máximo de todo lo que me rodeaba. Desperdicié parte de esos instantes de vida por permitir que el miedo tiñera el cristal de mis gafas. Hoy, por fin, asumo mi total **responsabilidad** en la felicidad que me permito sentir, dejando de echar balones fuera y prestando atención a mis pensamientos y acciones, así como a las creencias y hábitos que modulan mi percepción de la realidad exterior e interior.

Yo decido si permanezco en el estado de alerta o no. Mientras que piense que hay algo ahí **afuera** que quiere hacerme **daño**, sentiré miedo... e incluso estaré dispuesto a **atacar** yo antes, para "defenderme". Sin duda, a ello contribuye la ilusión de la **fragmentación**: olvidar que YO SOY TÚ y TÚ ERES YO; pensar que tú eres mi enemigo, en vez de mi gran **maestro**.

Así que te propongo que, si quieres, hagas lo mismo y te plantees dos preguntas. Tal vez es el momento de **detectar** tus **miedos** y utilizarlos como **brújula** para crecer y llegar a ser la mejor versión de ti. Te invito a escribir tus respuestas:

¿Qué historia vivo de manera **dramática**?

¿Qué quiere la vida que aprenda ahí sobre mí?

LOS CUATRO ACUERDOS TOLTECAS

Para cerrar este capítulo y aprender **estrategias** para evitar caer en algunas de las trampas que activan el miedo, quiero presentarte mi interpretación de "Los cuatro acuerdos: un libro de **sabiduría** tolteca", publicado por el Dr. Miguel Ruiz, en la editorial Urano en 1998. Estos cuatro acuerdos me ayudaron a **reducir** la sensación de **drama** en mi vida y por eso decidí integrarlos como nuevas creencias. Espero que a ti también te sean de utilidad:

1... Ser impecable con mis palabras

Las palabras tienen mucho poder y pueden herirme a mí y a otras personas. Mejor usarlas para compartir amor, reconocer cuánto me amo y romper todos los pequeños acuerdos que me hacen sufrir.

Me conviene aprender a dialogar y elegir con mucha atención las palabras que utilizo, eligiendo un vocabulario acorde con lo que realmente quiero decir y sentir.

Mejor, por ejemplo, usar expresiones de abundancia, en vez del vocabulario de la escasez. Este último genera ansiedad, miedo y frustración. El vocabulario de la abundancia, en cambio, me da poder:

"**Yo quiero**", en vez de "Yo necesito".
"**Lo haré**" o "No lo haré", en vez de "Lo intentaré".
"**Paso a paso**", en vez de "Poco a poco".
"Aquí, **disfrutando**", en vez de "Aquí, en la lucha".

2... No tomarme nada de manera personal

Para ser inmune a los mensajes negativos que digan otras personas, nunca debo tomármelos como algo personal. Si lo hago, estaré dejándome manipular y perdiendo mi libertad: habré caído en su trampa.

Si alguien me envía su propio **veneno** emocional, yo no tengo la obligación de aceptarlo y digerirlo. El veneno **rechazado** empeora la situación de quien lo ha enviado y no la mía.

Lo que otra persona dice o hace refleja su propio interior, no el mío. Cuando no me tomo nada como algo personal, entonces no tengo necesidad de defender mis posiciones ni me siento ofendido, así que no habrá conflicto.

Cuando aún me lo tomo como algo personal y me siento mal, algo en mí aún está conectando con el conflicto que la otra persona me está mostrando. Puedo agradecer a la otra persona lo que me enseña de mí.

3... No suponer nada

Mejor tener el valor de preguntar y pedir explicaciones hasta que la situación nos quede clara, en vez de creer que lo sabíamos todo y, probablemente, malinterpretar algo. Una vez oída la respuesta, no hay más necesidad de saber nada, ya que sabré toda la verdad. Igual que yo tengo el derecho de pedir todo lo que deseo, la otra persona tiene el derecho de responder sí o no. Del mismo modo también puedo elegir entre conceder o no lo que me piden.

Mejor comprenderme a mí mismo, mi verdadera naturaleza, para conocer mis propios límites y, así, no sentirme nunca en la obligación de hacer nada que no quiero hacer. El dolor, la tristeza y la rabia suelen empezar por suponer algo y tomárnoslo como algo personal.

4... Hacer siempre lo máximo que pueda

Constantemente: ser impecable con las palabras, no tomarme nada personal y no suponer nada.

Si elijo hacer algo, lo hago al 100% sin juzgarme ni tener sentimientos de culpa, porque la elección entre sufrimiento y felicidad es mía.

2.3. LA BIOQUÍMICA DE LA FELICIDAD

La ciencia describe actualmente 4 **hormonas** que el cuerpo humano produce de manera natural y que inducen estados que asociamos con diferentes **niveles de felicidad**, además de ser útiles para prevenir y curar **enfermedades** y **dolencias**. Es la denominada "química de la felicidad":

- **Endorfinas**, enmascaran el dolor
- **Dopamina,** responsable del placer primario
- **Serotonina** hormona de la felicidad primaria
- **Oxitocina**, hormona del amor

A continuación, vemos con más detalle cada una de estas 4 hormonas que podemos producir en nuestro cuerpo y así desencadenar emociones que clasificamos como agradables: **alegría**, satisfacción, euforia, **felicidad**, calma, **confianza**, simpatía, interés, romance, admiración, **amor**...

1... ENDORFINAS. AUSENCIA DE DOLOR

Al hacer **ejercicio físico** o ingerir comidas **picantes** mi cuerpo segrega endorfinas, lo que me hace sentir una breve **euforia** que enmascara el **dolor**, produciendo una sensación positiva en el organismo. Por ello, son **analgésicos** naturales.

Este es el motivo por el que me siento muy bien tras **correr, bailar o saltar** y es precisamente el recuerdo de esta sensación de euforia lo que puede facilitar que mantenga el **hábito** de practicar esas actividades físicas.

Para algunas personas la felicidad se define como la ausencia de dolor ya que, cuando tenemos muchos dolores, el momento en el que dejamos de sentirlos creemos ser realmente felices. Este es un **primer nivel de felicidad**, el de la ausencia de dolor y la breve euforia que lo enmascara.

2... DOPAMINA: PLACER PRIMARIO

Como en muchas otras especies animales de la Tierra, el cuerpo humano ha desarrollado mecanismos de **recompensa** para asegurar nuestra **supervivencia**. La dopamina es uno de estos mecanismos y genera una sensación de **placer** básico cuando hago algo que me gusta.

Por ejemplo, cuando como una **fruta** que me encanta, la **dopamina** se activa. De hecho, ni siquiera es necesario dar un bocado a esa fruta, basta con **pensar** en la fruta y mi cuerpo comenzará a **segregar** dopamina. El momento álgido de la segregación suele llegar cuando doy el **primer bocado**: el cuerpo me da la recompensa de sentir un placer primario para que, cada vez que vea esa fruta, la coma y así me alimente y tenga **reservas** para sobrevivir.

Curiosamente, a partir del **segundo bocado** el placer ya no será tan intenso y comeré por **inercia**, a la espera de mantener esa sensación de placer que, poco a poco, se va **desvaneciendo**. Pasado un tiempo volveré a desear comer esa fruta y, simplemente al pensar en la posibilidad de comerla, produciré dopamina y, de nuevo, sentiré el placer.

Puesto que la dopamina facilita que repita conductas que me resultan agradables, esta hormona está en la base de muchas **conductas adictivas**, poco sostenibles y autodestructivas, como el **consumismo**, el tabaquismo, el alcoholismo y otras drogadicciones.

Es más, aunque lo que me gusta puede ser una fuente de placer, también puede ser el origen de la **insatisfacción**: cuando no lo tengo y mantengo en mi mente **pensamientos** de escasez, genero el **cortisol**, hormona asociada con el estado de alerta y que ya vimos en el capítulo anterior. Con el cortisol sentiré en mi cuerpo **ansiedad**, agobio, estrés...

¿Ante qué estímulos suelo producir dopamina?
- comprar
- enamorarme
- llevar la razón
- ganar discusiones
- hacer **ejercicio físico**
- jugar con un video-juego
- entrar en mi perfil en redes sociales
- logros cotidianos / terminar una tarea

El lado positivo de la dopamina, además del propio placer que me produce, es que puedo utilizarla para **generar** nuevos **hábitos**, con respuestas condicionadas, al igual que hago para **adiestrar** a otros animales. Si, a partir de ahora, cada vez que comiences a leer este libro te comes una golosina, dentro de unos días sentirás placer simplemente al pensar en el libro, tengas o no una golosina para comer.

En cualquier caso, para no vivir una vida de adicción al placer primario, puedo evitar la **dependencia** de la dopamina practicando la **meditación** o adoptando una **alimentación** sana, equilibrada y consciente, así como incluyendo hábitos que me conecten con los **niveles superiores de felicidad** que veremos a continuación. De hecho, las adicciones suelen aparecer ante la falta de conexión con mi felicidad y paz interiores, ante la desconexión con mi esencia. Cuando siento una felicidad más profunda no me engancho a placeres primarios, aunque puedo disfrutarlos igualmente.

3... SEROTONINA: METAS PERSONALES

La serotonina participa en los siguientes procesos esenciales del organismo: modular la **agresividad**; regular el **apetito**, los ciclos de **sueño** y el **deseo sexual**. Los niveles de esta hormona aumentan cuando me siento "**importante**" o "**querido**". Es por tanto una sustancia clave para el bienestar, y permite alcanzar un **segundo nivel de felicidad**, de mayor intensidad y duración que la dopamina y su placer primario. Por ello se la ha denominado "hormona de la felicidad".

La serotonina tiene también una **misión** en nuestra especie: ayudarme a realizar y completar las **tareas** necesarias para mi evolución. Cuando planifico un trabajo y veo la posibilidad de alcanzar el objetivo, mi cuerpo segrega serotonina para que sienta la **satisfacción** de **caminar hacia una meta**. Cada vez que doy un nuevo paso en esa dirección siento la recompensa, especialmente cuando concluyo un paso y en mi pensamiento surge la idea de que estoy más cerca de conseguir mi objetivo.

Tener objetivos en la vida, incluso en cosas pequeñas y mundanas, y también hacer planes para conseguir esos objetivos, puede facilitar por tanto la sensación de felicidad. Sin embargo, igual que con el placer primario, las metas personales que me planteo pueden también ser fuente de **infelicidad**. Cada vez que pienso que no estoy avanzando en la dirección adecuada, cada vez que **autocritico** la velocidad con la que me acerco, o incluso me alejo, de mis objetivos... cada vez que encuentro obstáculos en el camino y me invaden pensamientos del estilo "el mundo está contra mí", en mi organismo genero cortisol, de nuevo siento la ansiedad, el estrés...

En definitiva, mis **creencias y pensamientos** habituales van a ser claves a la hora de propiciar la sensación de felicidad produciendo serotonina o bloqueándola.

¿Con qué conductas produzco serotonina?
- **Sonreír**
- Tomar el sol
- Practicar Yoga
- **Relajar** la mente
- Oír música clásica
- Sudar durante el ejercicio
- **Positividad** en el pensamiento

Si quiero disfrutar de niveles altos de serotonina es conveniente tener en cuenta aquellas conductas que **reducen** su producción, para evitarlas: estrés, alcohol, estimulantes, falta de sueño y pensar demasiado. Aun así, tampoco es equilibrado fundamentar mi felicidad en la serotonina pues, en **exceso**, esta hormona produce **irritabilidad**, enfado, malestar, conductas de **riesgo**...

4... OXITOCINA:
CONTRIBUCIÓN ALTRUISTA

El **tercer nivel de felicidad**, por su intensidad física y duración temporal, es el que me produce la oxitocina. La oxitocina se distribuye en el organismo cuando aquello que hago o pienso me **conecta** con otras personas y con la naturaleza y, también, cuando me siento **útil** en relación a otras personas.

La oxitocina es la "**hormona del amor**", la sociabilidad y la confianza. Genera empatía y sensación de **pertenencia** a un grupo social y me ayuda a crear **vínculos** duraderos con otras personas... para hacer que "el amor perdure". De hecho esta hormona se segrega de forma natural durante el **parto**, en la **lactancia** y en el **orgasmo**, 3 momentos clave en el que la oxitocina ayuda a la supervivencia de la especie, generando un vínculo en la pareja y entre la madre biológica y su bebé.

El mayor estudio realizado en humanos sobre la felicidad, desarrollado durante 80 años (1938-2018) en la Universidad de **Harvard** bajo el título "Estudio del desarrollo adulto", señala que el mayor **predictor** de la felicidad de una persona es el "**amor**", es decir, la sensación de "conexión" con otras personas y con el entorno.

Por su parte, el **Dalai Lama** dijo en una ocasión: "Si quieres ser feliz, aprende a hacer feliz a las demás personas". La oxitocina es la responsable de esa felicidad superior que siento al **contribuir** a la felicidad y el bienestar de otras personas o sentir la **conexión** con el mundo.

Curiosamente, no necesito de la presencia física de otras personas para sentir esta sensación: basta con **recordar** un abrazo que di, la sonrisa con la que me miró otra persona o el sexo que mantuve con alguien especial y de nuevo **segregaré oxitocina** y la sentiré con fuerza. Incluso con la **imaginación**, inventándome nuevas situaciones similares, también puedo estimular la producción de oxitocina y **sentirme feliz**.

¿Cómo estimulo en mí la producción de oxitocina?
- reír
- **abrazar**
- acariciarse
- **agradecer**
- correr al aire libre
- dar y recibir masajes
- baños de agua caliente
- jugar con animales y bebés
- contacto con la **naturaleza**

Igual que las acciones anteriores pueden facilitar la segregación de oxitocina, mi mente puede **bloquear** su producción con **pensamientos** desempoderantes del estilo de "nadie me quiere", "no sirvo para nada", "lo que hago es inútil"... así que debería prestar mucha atención a los **diálogos automáticos** que ocurren en mi cabeza, para transformarlos o sustituirlos por otros cuando sea necesario. De hecho, después del "amor", otra de las claves de la felicidad observadas en el estudio de Harvard es el "**optimismo**".

¡Ojo! La presencia de la oxitocina en altos niveles también puede propiciar comportamientos violentos o la sumisión ante estos para defender aquello con lo que he creado un vínculo de **apego insano**.

Debería revisar mis creencias pues tal vez he interiorizado que el "amor" por mis crías o pareja está por encima del "amor" por mí mismo, o viceversa. La oxitocina en esos casos se convierte en la hormona de la "**guerra**", como han demostrado experimentos con simios.

EQUILIBRIO HORMONAL Y FELICIDAD

Endorfinas, dopamina, serotonina y oxitocina: este cuarteto, en la **combinación adecuada**, es por tanto el responsable de las emociones agradables que mencionamos al inicio del capítulo y que me permiten conectarme con mi **felicidad**.

Tal y como hemos visto, mi cuerpo las produce de manera automática ante ciertos **estímulos y conductas** e, igualmente y de modo inverso, la presencia de estas sustancias me lleva a reproducir conductas que facilitan que siga segregándolas.

Por ejemplo, cuando **sonrío** mi cuerpo produce algunas de estas hormonas y entonces comienzo a sentir **alegría**. A continuación esa **alegría** que siento me hace tener aún más ganas de sonreír, con lo que la primera **sonrisa** se ha convertido en el arranque de un **círculo virtuoso**.

Además, es fundamental entender que con mi **imaginación y pensamientos** también provoco la producción de estas hormonas, en función de mis interpretaciones de la realidad, que a su vez se basan en mis creencias. Por tanto, mis **creencias** van a definir mi capacidad de conectarme con mi felicidad, o desconectarme de ella.

De nuevo, sobre la **sonrisa**, puedo **recordar** algo que me hizo sonreír en el pasado, y en ese momento volveré a sentir la alegría y las ganas de sonreír. Puedo incluso **imaginarme** un **futuro** mejor, algo que aún no ha ocurrido, y sentirme alegre.

Por tanto, está en mi mano, y en mi **imaginación**, interiorizar **nuevos hábitos** y **creencias positivas** que activen de manera equilibrada y consciente la segregación de estas hormonas para facilitar en lo cotidiano mi conexión con la felicidad y paz interiores. Se trata de asumir al completo la responsabilidad de sentirme FELIZ.

Cuando siento **falta de autoconfianza**, me sumerjo en la **procrastinación** y tengo baja motivación o entusiasmo, es probable que tenga **bajos niveles** de **dopamina**. Igualmente si aparecen síntomas de **soledad**, depresión, **agresividad** y **violencia**, es posible que tenga demasiado bajos los niveles de **serotonina**. Por último, si me invade la **desconfianza** y la sensación de **desconexión** con las demás personas y con la vida, probablemente tenga un bajo nivel de **oxitocina.**

En general, basta con subir los niveles de estas hormonas para **reequilibrar** nuestras emociones. Por ello, te propongo que pienses en lo que sueles hacer cada día por la mañana y que te imagines integrando 3 o 4 de las siguientes **actividades** justo **al despertarte**, para comenzar el día con buenas vibraciones:

ENDORFINAS: bailar, saltar, comida picante, aroma de lavanda, chocolate, vainilla...

DOPAMINA: ejercicio, comer fruta, enamorarme, logros cotidianos, terminar una tarea...

SEROTONINA: sonreír, cantar, tomar el sol, relajar la mente, yoga, música clásica, pensamiento positivo...

OXITOCINA: reír, dar las gracias, abrazar, mascotas y bebés, naturaleza, masajes y caricias, baños de agua caliente, orgasmos...

¿Cuáles te apetece hacer al despertarte?

Por ejemplo, al despertarme puedo:
- Estirarme (endorfinas)
- Hacer la cama (dopamina)
- Sonreír y relajarme (serotonina)
- Escribir mi diario de gratitud (oxitocina)

Para no esperar a mañana por la mañana, te invito a que elijas **4 actividades** para realizar en este instante:

"Aquí y ahora me permito sentir la felicidad y, para facilitarlo, durante 10 minutos voy a ..."

Por ejemplo, ahora mismo puedo:
1... Levantarme, dar unos saltos o bailar.
2... Ordenar mi cartera, escritorio...
3... Sonreír, respirar con calma.
4... Darme unas caricias.

Y recuerda que el alcohol, el estrés, los estimulantes, la falta de sueño y pensar demasiado pueden bloquear la producción de algunas de estas hormonas.

2.4. PAZ INTERIOR
UNA LLAMADA AL AMOR

En el capítulo anterior vimos que el nivel más alto de felicidad es el que asociamos al "amor", entendido como la sensación de conexión con otras personas, con el entorno y con la naturaleza. Por ello, ahora quiero dedicar una parada completa a redefinir el **Amor**, con mayúscula, y a revisar las **relaciones** interpersonales, incluida la única que estoy seguro de mantener **toda la vida**: la relación **conmigo** mismo.

YO CONMIGO

Hace dos años sentí un **vacío** muy grande. Ese curso estaba de excedencia y mi hijo había decidido irse a vivir a una residencia de menores. Llevaba varios años muy centrado en el peque y, al irse, me sentí **perdido**, sin dirección. Así que ese 22 de diciembre, día de la Lotería Nacional, le pedí el todoterreno a mi amiga Marian, lo cargué hasta arriba de palets, y me subí al **monte**, a un terreno abandonado, cargado de comida, agua, ropa, mantas, un horno solar, un gato, varios libros y un teléfono móvil antiguo de los de batería duradera.

Mi objetivo: estar solo en el monte hasta averiguar con qué debía volver a **llenar** "mi" vida. Al llegar comencé a montar una **cabaña** con los palets... y cuando llegó la noche tan sólo tenía la mitad de la estructura, así que colgué unas mantas a modo de tienda de campaña en la mitad ya construida de la cabaña. El paisaje nocturno lleno de **estrellas** era espectacular y cuando me acosté, agotado del trajín de los palets, **dormí** como un lirón.

Al despertar ya me sentía mucho mejor, como si fuera dueño de mi existencia. Con energías renovadas terminé de hacer la cabaña, y al poner un **espejo** en una de las paredes y verme reflejado, me entraron muchas ganas de **raparme** la cabeza. Desde la adolescencia había querido raparme montones de veces, pero **nunca** lo había hecho, pues siempre alguien me disuadía antes, casi siempre mi **madre**. Así que cogí la maquinilla de afeitar y **lo hice**. Con todo mi pelo cayeron al suelo muchas más cosas… y me sentí más **libre** que nunca.

Durante 4 meses me dediqué a pasear por el monte, coger fruta de los árboles, cuidar un huertecito, ir a la fuente a por agua, meditar, mirar las estrellas, leer, acariciar al gato… y una vez a la semana "bajaba a la **civilización**" para recoger verduras, conectarme a internet e impartir talleres o conferencias de Arco Iris en algún instituto, colegio o ayuntamiento. Me sentía **superrealizado**, hacía lo que me gustaba y estaba muy **a gusto** conmigo mismo.

Cada día que pasaba me encontraba mejor. Algún que otro día se me saltaban las **lágrimas**, sin venir a cuento: algo se estaba limpiando por dentro. Además, me sentía más despierto que nunca, con la **intuición** a flor de piel. Y, de repente, un día, al levantarme por la mañana, sentí que había llegado el momento de **volver**: había conectado con mi felicidad y paz interiores y me sentía preparado para mantener esa conexión en compañía de otras personas, pasara lo que pasara y fueran quienes fueran. Así que cargué de nuevo el coche y volví con la "tribu", el grupo de personas con quienes vivía en comunidad en Rincón de la Victoria antes de subirme al monte.

LA TRIBU

Cuando subí a vivir al monte no conocía aún el estudio de la Universidad de Harvard donde indicaban la "**conectividad social**" como el mayor predictor de la felicidad. De hecho yo tenía una **creencia** que había repetido muchas veces en **voz** alta ante otras personas, especialmente mi familia de origen:

"No necesito a nadie para vivir".

Tras la experiencia en el monte aquella creencia se matizó: "No necesito a nadie para **sobrevivir**". E incorporé otra nueva, más completa: "No necesito a nadie en concreto y tampoco necesito estar acompañado en todo momento... pero sí necesito el contacto con otras personas para crecer, para evolucionar, para **desarrollar** todo mi potencial y mi **propósito de vida**". Es más, a la vuelta empecé a apreciar más que nunca el valor de la "**tribu**", de esas personas **amigas** con las que comparto **intereses** y **valores**, esa comunidad en la que ofrezco mis **habilidades** y recibo también los dones de quienes me rodean. Por fin sentía que construir la tribu era igual de importante que cuidarme y quererme yo mismo:

"**Solo** voy más **rápido, juntos** llegamos más **lejos**".

Desarrollado por las Universidades de Chicago y Leuven en 2015, el estudio *"Loneliness: Clinical import and interventions"* señala que cada vez más personas se sienten solas en **occidente**, a pesar de la "conectividad tecnológica". Si es tu caso, si sientes la **soledad** como una carga, continúa este viaje para mirar **adentro**: una vez desveles tus intereses, habilidades y valores, encontrarás **afuera**, gracias a las **neuronas espejo**, personas con las que **crear** tu **tribu** y **recrearte** tú.

UNA LLAMADA AL AMOR

Un libro facilitó mi comprensión del proceso que estaba viviendo en el monte: "Una llamada al Amor", del psiquiatra **Anthony di Mello**. A continuación te invito a reflexionar sobre las enseñanzas que este libro me aportó en relación a la consciencia, la felicidad y la libertad: **renunciar** a creencias, ideologías, fórmulas y apegos, para alcanzar un estado en el que poder **deleitarse** "con todo y con nada" y amar incondicionalmente y así acceder a la vida y al amor.

1... FALSAS CREENCIAS

Mi **infelicidad** tenía una sola causa: las **falsas creencias** que albergaba mi mente y que ni siquiera ponía en **duda**. Esas creencias, fruto del aprendizaje social, familiar, cultural... me hacían ver el mundo y a mí mismo de una manera deformada. Revisemos varias falsedades que me apartaban de la felicidad:

"Seré feliz en el futuro".
... he sido programado para "jugar" a encontrar la felicidad en el futuro, pero sólo está en el presente.

"Seré feliz cuando cambie mi situación"
... los pensamientos que me invitan a juzgar la realidad y a rechazarla provocan mi desconexión de la felicidad.

"Seré feliz si se realizan todos mis deseos"
... precisamente la sensación de ausencia de lo que deseo es lo que me lleva a vivir frustrado, inseguro...

"Imposible ser feliz **sin las cosas que me gustan"**
... basta con dejar de pensar en lo que no tengo, observar lo que sí y conectarme así con mi felicidad.

La verdad es que es **absurdo** buscar la felicidad en el mundo **exterior** a mí mismo. Si busco la felicidad, no la voy a encontrar intentando estar más delgado, haciéndome un injerto capilar o cambiando de casa, trabajo o amistades. Ya he probado algunas de estas "recetas" y aún seguía sintiéndome **infeliz**, pues al conseguir algo que había deseado tan sólo sentía **placer** durante un instante... nada que ver con la felicidad.

2... ACEPTACIÓN

La realidad es que no hay **nada externo** a mí que pueda hacerme alcanzar la **felicidad**, porque la felicidad ya está en mí: no tiene sentido alcanzar algo que **ya tengo**. Simplemente tengo que enseñar a mi mente a dejar de **bloquear** el experimentar esa felicidad que ya poseo, para que al instante aflore.

Sin embargo, yo he sido programado para **ser infeliz**, como casi todo el mundo. Mi "**programa mental**" incluía una serie de criterios acerca de cómo debía ser el **mundo**, cómo debía ser **yo** y qué es lo que yo debía desear. El mundo, en cambio, no parecía ser así, y yo tampoco, así que mis pensamientos de **rechazo** sobre la realidad activaban la **rabia**, la ansiedad, el asco, el miedo... y otras emociones negativas. Como consecuencia, me sentía infeliz.

Cuando la **realidad** no me gustaba y me sentía mal por ello, solía dedicar mucha energía a intentar **cambiarla**, con lo que me agotaba. Muchas veces tenía la ilusión de conseguirlo, y volvía a sentir calma unos instantes, pero bastaba algún **imprevisto**, algo que no saliera según los criterios de mi programa mental, para volver a sentirme **infeliz**.

Sabemos de personas que se han sentido **felices** incluso en los campos de concentración **nazis**, como el caso de Viktor Frankl, neurólogo y psiquiatra fundador de la logoterapia, que sobrevivió a Auschwitz y Dachau entre 1942 y 1945. Del mismo modo, yo también debo poder sentirme así, haya lo que haya y pase lo que pase alrededor. Y a la vez puedo, si quiero, dedicar mi energía para cambiar aquello que no me gusta, desde el amor, la libertad y la **aceptación** del momento **presente**, sus cosas y personas... en vez de desde el deseo de satisfacer el orden de mi programa mental o de liberarme de emociones negativas. De lo que sí que me conviene **liberarme** es de mi "**programa** mental".

Aquí van los 3 **pasos** que a mí me han ayudado a **reconocer** mi "**programación** mental" y la manera en que mi mente ha estado dormida, siguiendo esa programación limitante:

Paso 1: observar mis **ideas, hábitos, apegos y miedos** sin juicio. Poco a poco van desmoronándose.

Paso 2: observar lo que me rodea como si lo viera **por primera vez**, tal y como es, sin prejuicios.

Paso 3: observar cómo funciona mi **mente**, su **flujo incesante** de pensamientos, sensaciones y reacciones.

Te propongo que pares aquí durante **10 minutos**. Puedes poner una **alarma** o un cronómetro para que te avise. Deja el libro y entrégate a la **observación** de lo que te rodea y de lo que pasa por tu cabeza, como si estuvieras junto a una **carretera** y vieras pasar **coches** en una dirección y en la contraria. Tal vez te sorprenda ver el mismo "coche" pasar montones de veces: son tus pensamientos **circulares**, reflejo probable de tus hábitos y apegos.

3... DESAPEGO VS. NO-APEGO

Al vivir en el **apego**, me siento infeliz si no consigo el objeto que deseo. En cambio, cuando sí lo consigo, tan sólo siento un instante de **placer**, con la consiguiente preocupación por el miedo a perder dicho objeto. El apego, en cualquier caso, produce **infelicidad** y falta de **libertad**.

Desapegarse implica separarse, distanciarse y desentenderse, tampoco algo equilibrado. Por eso, es mejor vivir desde el **no-apego**: sin renunciar a **disfrutar** de lo que me gusta; al contrario, más bien se trata de disfrutarlo **plenamente**, al tomar consciencia de que la vida es mucho más grande que esa pequeñez a la que me había apegado y a la que había dado el poder de aprisionarme y hacerme infeliz.

Desde el **no-apego** puedo amar todas las cosas y a todas las personas y **disfrutar** de ellas sin ataduras de ningún tipo. Puedo **amar** mil flores sin quedarme aferrado a alguna, sin sufrir cuando una desaparece, sin sentir que son mías.

Ahora te invito a hacer una **lista** de tus **apegos** y **deseos**. Deja de nuevo el libro al lado y escribe tu lista en un papel. Una vez terminada, para empezar a liberarte, puedes decirle lo siguiente a cada uno de ellos:

"Me engañé al creer que **sin ti** no podría ser feliz.

Ahora sé que tenerte no me trae la **felicidad.**

La felicidad **ya estaba en mí**.

No te necesito."

4... RELACIONES DE PAREJA

En pareja, igual que en todas las relaciones, **amar** sólo es posible en libertad: sin control, celos, envidias... Por eso, cuando amo a alguien busco su bien, y eso implica también amar su **libertad** y poder decirle:

> "**Acepto** que seas **tú mismo** y que te comportes
> tal y como decidas que quieres hacerlo,
> con tus propios pensamientos,
> gustos e inclinaciones."

"¡Qué feliz **me has hecho**!", decía yo cuando estaba apegado a alguien. Ahora, desde el **no-apego**, puedo decir "**He sentido** felicidad al encontrarnos" y ese será el reconocimiento de que he disfrutado, no de la persona, sino del encuentro. De esta manera, sin ningún tipo de sobrecarga emocional, podré pasar a la siguiente situación, persona u ocupación y disfrutar igualmente del **nuevo encuentro**.

El objetivo: ir pasando de un **instante** a otro de la vida disfrutando en el **presente**, sin preocupaciones sobre el futuro ni cargas del pasado, amando la vida, con toda mi alma, con toda mi mente y con todas mis fuerzas.

5... AMARME A MÍ MISMO

En la **infancia**, muchas veces me regañaron por decir la **verdad**: me pidieron que imitara a otras personas y dejara de comportarme como me apetecía. El entorno me invitaba a jugar un rol que no correspondía con mi SER. Me enseñaron a **fingir**, a ocultarme... y muchos años después, de adulto ya, me resultaba difícil saber quién era yo, al haber vivido tanto tiempo tras una **máscara**, alejado de mi verdadero SER.

122

Si comparo una **flor** conmigo, hay una diferencia clave: ella no ha sido programada para rechazarse y estar **insatisfecha** consigo misma y con el entorno, por lo que no siente el menor deseo de **ser lo que no es**. Por eso, la flor está en **paz**, igual que la mayoría de **bebés** antes de ser "programados" por el entorno. Las personas adultas también podemos estar en paz, una vez que nos desprogramamos, empezamos a reconocer quiénes somos y nos permitirnos expresarlo.

Cuando no me acepto y no sé quién soy, ni me permito vivirlo, me invade la **violencia**, la intolerancia para **conmigo** y para el entorno, intolerancia que aumenta a medida que me **esfuerzo** por **cambiar** de una manera **agresiva**. A veces, en cambio, intento **imitar** a otras personas y siento celos, rabia, envidia... entonces me agoto y me **autoacepto** desde la **resignación** y la tristeza...

Hay una tercera vía para el cambio, más allá del auto-rechazo o la auto-resignación: la **auto-comprensión**, para permitirme expresar lo que realmente soy, sin deseo de ser lo que no soy. Entonces empiezo a sentirme **transparente** y a ver cómo me voy **transformando**... igual que se transforma una rosa, **sin prisa**, sin compararse con nada ni con nadie.

6... AMOR INCONDICIONAL

Antes había **personas** que no me gustaban: su presencia me **desagradaba** y surgían en mí **emociones** negativas, así que intentaba evitarlas... o cambiarlas. No era aún consciente de que esas personas me ofrecían una oportunidad maravillosa para abrir mi corazón, aprender más sobre mí mismo y crecer.

¿Por qué permito al **exterior** dictar lo que debo sentir?

¿Qué **creencia** hay en mí que me lleva a sentirme mal?

¿Qué **característica** de la persona me desagrada?

Es mi programación mental la que me obliga a sentirme mal, creyendo que esa persona ha **elegido** ser así o comportarse de esa "mala" manera, y por eso la **juzgo** y condeno. La realidad en cambio es que ese juicio es sobre mí mismo, sobre algo que **no me gusta de mí**... y por eso me afecta a nivel emocional. Además con toda seguridad esa persona se comporta así fruto de su propia programación, y por tanto no desde su total libertad y consciencia: sólo se hace el **mal** desde la **ignorancia** y la inconsciencia.

Ante las verdades anteriores debería permitir que surjan en mí la ternura y la **compasión** por la otra persona y por mí. Así ensancho mi corazón, me siento libre y ya no estoy sometido a personas y situaciones que antes parecían producirme emociones negativas. Llega entonces la oportunidad de sentir **gratitud** por esa persona y por lo que me ha mostrado sobre mí y mi programación, así como por facilitarme volver a sentir mi libertad y el amor incondicional.

En ese instante, desde la total libertad y el amor incondicional por mí y por todo lo que me rodea, puedo escuchar mi corazón y decidir lo que me corresponde hacer para seguir mi propio camino. De esta manera, ante **relaciones "tóxicas"**, habrá ocasiones en las que sentiré que debo permanecer donde estoy para **integrar** una lección de vida, mientras que en otros momentos, en cambio, sabré que me conviene alejarme de esa persona para seguir creciendo, **pasar página** y permitirme vivir otras experiencias.

AMARLO TODO. El sol brilla para todo el mundo. Una flor no reserva sus colores y fragancias para las "**buenas**" personas y las niega a las "**malas**". Del mismo modo crezco al permitirme amar a todas las personas y realidades que encuentro, y ese paso es posible cuando dejo de **juzgar**, de encasillar bajo las etiquetas "bueno" y "malo".

AMAR GRATUITAMENTE. Ni el sol ni la flor piden nada a cambio de sus dones... Tampoco debería yo pedir nada a cambio por lo que puedo ofrecer, pues ya la vida se encarga de darme todo cuanto necesito.

AMAR EN LIBERTAD. La flor no va a dejar de ser ella misma para gustarte más o que pases más tiempo con ella; el sol tampoco saldrá de su órbita para que lo admires o porque te echa de menos. Amar implica respetarme y respetar al otro, sin necesidad de comprar su **aprobación** ni responder a sus **expectativas**.

No hace falta que me esfuerce en **encontrar el amor**, porque ya está **en mí**, igual que la felicidad. Mi única tarea es, desde la consciencia, quitar los **obstáculos** que yo mismo he puesto a la sensibilidad, con mis **apegos y juicios**, para así **ver** la realidad, incluido yo, tal y como es ahora, aceptándola y apreciándola.

Para sentir el Amor me toca aprender a **ver de nuevo**, sin miedo ni deseo. A ello puede ayudarme la **soledad**, al experimentar la vida sin la necesidad de ninguna persona en particular, ni de **ser especial** para nadie, ni de considerar a nadie como **propio**... abandonando la necesidad de palabras de aprobación y de **aprecio** de otras personas, de manera que nadie tenga ya el poder de hacerme feliz o desdichado. Para llegar a este estado ayuda volver a la **naturaleza** y disfrutar de actividades sin buscar el éxito o el **reconocimiento**.

En definitiva, es como haber **muerto** a la necesidad de las personas y estar absolutamente solo, para así volver a ver a las personas tal y como son, desde el Amor... sintiendo el **amor por mí** y por todo... desde mi felicidad y paz interiores.

EN RESUMEN... el amor consiste en **deleitarse con todo y con nada**. Para amar tengo que soltar las creencias de que seré feliz en el futuro, cuando cambien las circunstancias o se cumplan mis deseos. La felicidad ya está en mí y es mucho más que placer.

Para sentir la felicidad debo **liberarme del programa mental** que me hace rechazar la realidad y a mí mismo, pues es el origen de la rabia. Para soltarlo: observar mis ideas, hábitos, apegos y miedos, tener una nueva mirada sobre las personas y cosas y, finalmente, observar el funcionamiento de mi mente.

Voy a estar **conmigo mismo toda esta vida**, así que me conviene amarme: dejar de fingir, desarrollar la autocomprensión, reconocer quién soy y permitirme expresarlo. No necesito encontrar el Amor, pues está en mí. Si no lo siento, debo dejar de obstaculizarlo con juicios y apegos. Los apegos me hacen perder mi libertad, a la vez que me hacen sentir mucha infelicidad y tan sólo algún instante de placer. **No-apego**: disfrutar plenamente sin renunciar, amarlo todo. **Deseos**: basta recordar que no los necesito para ser feliz. La **pareja**: "Acepto que seas tú, tal cual".

La **soledad puede ayudarnos** a ver de nuevo: mirar adentro para reconocer que no necesito a nadie en concreto y entonces abrirme al **encuentro de mi tribu**, personas con las que crecer, evolucionar y desarrollar mi potencial y propósito de vida, sin juicios ni etiquetas, desde la compasión y la gratitud.

126

2.5. FELI-DISCIPLINA HÁBITOS PARA MI FELICIDAD

Cuando siento la felicidad disfruto plenamente de la vida: la felicidad me aporta momentos de gran **inspiración**, además de facilitar las **relaciones** conmigo mismo y con otras personas, la realización de mis **tareas** y la consecución de mis **metas**. De hecho, la felicidad es la gran puerta de entrada a la realización de mi **propósito de vida** y a la materialización fluida y sin resistencias de todo aquello que quiero vivir y disfrutar, en **sintonía con mi verdadero SER**.

La felicidad es, por tanto, fundamental para la **evolución** de la **humanidad**. Cada persona debería asumir su responsabilidad de sentir a diario la felicidad y **comprometerse** con integrar en lo **cotidiano** lo necesario para conseguirlo. Incluso la ONU entiende su importancia y le dedica una efeméride: **20 de marzo**, día internacional de la Felicidad.

Debería prestar mucha atención a esos momentos en los que comienzo a desconectarme de la felicidad para corregir la dirección antes de que empiece a moverme por inercia en una **espiral de infelicidad**. La pasada semana, por ejemplo, mientras escribía el capítulo sobre el miedo, comencé a **dormir mal**: durante dos noches seguidas me estuve despertando cada 2 o 3 horas, sin recordar lo que había soñado y, peor aún, me levantaba muy **cansado**. Además, al levantarme sin apenas energía, no tenía ganas de hacer la **rutina** de ejercicio físico que suelo hacer por la mañana y me ponía directamente a escribir en el ordenador. No me apetecía acariciar al gato ni al perro... ¡Claramente me estaban bajando los **niveles de serotonina y oxitocina**!

Como era de esperar, no me venía la inspiración e, incluso, empecé a sentir cómo me picaba el **cuero cabelludo**. ¡Mi cuerpo me estaba hablando de nuevo! El detalle que finalmente me hizo despertar fue la **comida**: me entraron muchas ganas de comer. Era obvio: quería suplir con un placer primario la falta de sensación de bienestar. Afortunadamente, al verme comiendo mucho más que de costumbre, me di cuenta y decidí que tenía que cambiar el **rumbo**. Busqué una película divertida, una **comedia**. Tras una hora y media riendo, mi cuerpo comenzó a relajarse y, por fin, aquella noche volví a dormir del tirón.

¿Cómo había empezado esa espiral de infelicidad? Todo había **comenzado** 2 días antes, una tarde en la que, en vez de disfrutar de la puesta de sol, tener una conversación agradable y jugar con los perros, había elegido seguir trabajando en el ordenador e incluso darle vueltas durante la cena en mi cabeza al tema sobre el que estaba escribiendo. Y aquella noche, en vez de escuchar música relajante antes de dormirme, volví a encender el móvil para buscar más información... de ahí los **picores**: ¡estaba **pensando demasiado**!

¿Cómo pude **salir** de la espiral? "Obligándome" a realizar una actividad que me ayudara a producir serotonina, para volver a **regular** mis ciclos de **sueño**, descansar bien, y tener de nuevo por la mañana ganas de retomar las rutinas que me conectan con la felicidad.

Por eso considero que el sueño es fundamental, al igual que las primeras horas del día, pues son la base sobre la que construimos el resto de la jornada. Al fin y al cabo, cada **día** es una **vida en miniatura** y, si consideramos que una vida maravillosa es una vida repleta de días maravillosos, deberíamos prestar atención a construir, cada día, un día **maravilloso**, repleto de felicidad.

EL SUEÑO

El sueño es uno de los factores clave para predecir la esperanza de vida, además de influir en la sensación de felicidad de las personas. Lo que hago las **horas previas** al sueño es determinante para la calidad de mi descanso. Puedes consultar en internet tu **cronotipo** para entender mejor como funcionas en relación al sueño: **delfín, león, oso** y **lobo**.

¿Miras el **móvil** antes de irte a dormir? La **luz azul** emitida por las pantallas de los móviles **reduce** los niveles de **melatonina**, la sustancia química que induce el sueño: mirar una pantalla antes de dormir **dificulta** el **sueño**, por eso lo evito al menos 2 horas antes de irme a dormir: mejor pasar la tarde-noche **conversando** con personas a las que aprecio, tomando un **baño** relajante, meditando o **leyendo**.

Acostarme a una hora fija es clave: entre 7 y **8 horas antes** de la hora a la que quiero levantarme, evitando **comer o beber** en las **2 últimas horas** antes de dormir. Al facilitarlo, mi cuerpo se acostumbra a dormir a una hora determinada y se despierta sin necesidad de alarma, cuando ya ha descansado lo suficiente, normalmente tras 5 ciclos de sueño: cada ciclo con una duración aproximada de 1 hora y media.

Otros factores importantes para el sueño son la luminosidad, el ruido, la temperatura, los campos electromagnéticos... Si quiero dormir bien sé que debo seguir un ritual cada noche: bajar las **persianas**, cerrar la **puerta** del dormitorio, apagar el **wifi** y el móvil... y **relajarme** en la cama, **respirando** con calma, dejando 3 o 4 segundos de inmovilidad entre cada inspiración y expiración...

También la disposición de la **cama** puede ser importante: el **Feng Shui** nos indica que el cabecero debe estar en una pared en la que no haya puertas ni ventanas, para que nuestro cerebro reptiliano sienta seguridad y **protección** durante la noche.

LOS SUEÑOS

Recordar los sueños es otro de los indicadores del buen descanso, además pueden ser de gran ayuda para entender las **lecciones** de vida en las que estoy inmerso, las creencias que tengo que superar y las emociones que me están afectando.

Para conseguir recordar los sueños cada mañana, hace años comencé a practicar la siguiente rutina: en cuanto abro los ojos, cojo el móvil y **grabo** con mi **voz** un audio sobre lo sentido en mis sueños. ¡Importantísimo! No cambio mi **posición corporal** en la cama y dejo desconectados la red y los datos del móvil... para **no despistarme**. Una vez grabados los sueños, pienso en algo alegre, sonrío y me desperezo estirando brazos y piernas: ¡buenísimo para los músculos!

HORA N.º1: "MÁSCARA DE OXÍGENO"

La **primera hora** del día es muy importante, pues va a determinar la tónica de lo que ocurrirá después. Cada día al despertar deberíamos **regalarnos**, al menos, una hora de dedicación **exclusiva** para conectar con nuestra felicidad. No es egoísmo, es **consciencia**: cuando me conecto con la paz, amor y felicidad que hay en mí, entonces puedo compartirlo con otras personas. Si, en cambio, al despertar me lleno de estrés, ansiedad y frustración, eso será lo que tenga para ofrecer.

Partamos de la idea de que todas las personas somos igual de importantes, por tanto, yo no soy más importante que nadie, ni tampoco menos. Lo que sí tengo es la responsabilidad total de cómo me siento, y por tanto, **mi responsabilidad primera** es **estar bien** para poder a continuación asumir mis otras responsabilidades con el entorno o con otras personas: familia, amistades, compromisos laborales, activismo...

Imagínate esta escena dentro de un **avión**: El **azafato** comienza a mover los brazos y señala las salidas en caso de emergencia. A continuación muestra una mascarilla amarilla y dice: "En caso de **despresurización** de la cabina, se abrirán los compartimientos situados encima de sus asientos que contienen las máscaras de **oxígeno**. Si esto ocurriera, tiren fuertemente de la máscara, colóquensela sobre la nariz y la boca y respiren normalmente." Finalmente concluye:

"Deben **colocarse la mascarilla** primero **antes de ayudar** a cualquier otra persona a colocársela"

Y entonces una madre se levanta y grita indignada: "¡Yo nunca me pondría la mascarilla antes de ponérsela a mi hija!" Esa madre aún no entiende la importancia de **priorizarse**: si yo no me la pongo primero es posible que me desmaye y no pueda ayudar a mi hijo.

Por ello denomino a la primera hora del día la "Hora de la máscara de **oxígeno**". Voy a compartir contigo mis primeras rutinas del día, inspiradas en el método **20x20x20** que Robin Sharma explica en su libro "El Club de las 5". En él propone dedicar los **20** primeros minutos a energizar el cuerpo y despertar la mente con **ejercicio** físico, otros 20' después para **meditar** y favorecer pensamientos positivos, y finalmente 20' para **crecer** y aprender sobre algún tema que me apasione.

Además **Robin Sharma**, también autor del libro "El Caballero de la Armadura Oxidada", propone generar la costumbre de acostarse una hora antes de lo habitual para poder también **levantarse 1 hora antes**. De este modo, puedo introducir la rutina 20x20x20 cuando aún no se han levantado las otras personas que viven en la misma casa y, así, en **calma** y sin interferencias, puedo dedicarme la hora de la "Máscara de Oxígeno".

RUTINA 20X20X20

Tal vez la palabra **rutina** te asuste al asociarla con **obligación** o aburrimiento: si quieres, tú puedes cambiar esa creencia y ¡**disfrutar** de tus rutinas! Especialmente cuando sabes que se trata de hábitos que te sientan muy bien. En este caso, el objetivo de la rutina **20x20x20** es **activar** en menos de una hora las **hormonas** necesarias para sentirme feliz y comenzar el **día** con **buen pie**. Para ello, dedico 20 minutos a tres bloques diferentes de actividades: hidratación + ejercicio físico; diario + relajación mental; crecimiento + aprendizaje.

1... <u>AGUA / EJERCICIO</u>... 20'

Hidratación: infusión caliente con rooibos, ajo, miel, limón, albahaca, romero, jengibre, cúrcuma, pimienta...

Tabla de ejercicio: intensos y sencillos, diferentes cada día de la semana, con **estiramiento** al final. 10'.

Ducha fría: intercalo agua fría y caliente, escucho **canciones** alegres y positivas que abren mi corazón. 5'.

2... <u>DIARIO / RELAJACIÓN</u>... 20'

Gratitud y Amor: escribo 3 cosas que me gustan de mí y 3 externas por las que siento gratitud. Lo siento. 5'.

Ideas y sueños: escribo los mensajes clave de los sueños de la noche y las ideas que me surgen. 5'.

Relajación mental: ojos cerrados, sonrío, respiro con calma y me permito sentir el amor y la unidad. 10'.

3... <u>CRECER / APRENDER</u>... 20'

Curso, libro, audiolibro, podcast, YouTube...: cada día aprendo sobre un tema que me apasiona. 20'.

HORA N.º 2: DESAYUNO / AGENDA / PASEO

Montones de veces hemos escuchado que el desayuno es la comida más importante del día. De nuevo, no es que sea más importante, sino que su efecto en el día es fundamental y podemos optar entre **compartirlo** con otras personas algunos días de la semana, para generar un **ritual**, tomarlo **a solas** otros días de la semana e, incluso, no tomarlo para hacer ayuno intermitente.

El **ayuno** facilita la **desintoxicación**, sanación y recuperación de tejidos y órganos, así como la claridad mental. El ayuno **intermitente** por su parte puede facilitarnos esta ventaja sin tener que estar expuestos al ayuno durante mucho tiempo. En mi caso el lunes es mi día de ayuno: no desayuno ni como nada a media mañana. Por primera vez ingiero alimentos en torno a las 15.00 horas, de esta manera he permanecido en ayuno unas **18 horas**, desde la cena del día anterior.

El resto de la semana como con "normalidad", a base de **alimentos** supernutritivos, ecológicos, sabrosos y sanos, tras años aprendiendo sobre alimentación y viendo sus efectos en mí. Para desayunar algunos días tomo **aguacates**, algarrobas y almendras, otros días **patatas asadas** con **semillas germinadas** o brotes de alfalfa, brócoli, sésamo, lentejas... Además suelo añadir un chorreón de agua de mar y de aceite de oliva, y una cucharadita de maca, espirulina y levadura de cerveza en polvo. Todo ello, **despacito**, masticando con calma, **salivando** mucho... y, si el clima lo permite, a la vez que me da el **sol** en la cara y algún **gatito** se sienta en mi regazo ronroneando.

Una vez he terminado el desayuno, abro la **agenda**, reviso las actividades que tengo apuntadas para hacer y decido la **intención** que voy a poner en los diferentes momentos previstos: **elijo cómo** quiero **sentirme y expresarme** en las diferentes actividades y **partes del día** de HOY.

Después de desayunar y revisar la agenda suelo **andar** unos **20 minutos**, 10 de ida y 10 de vuelta. En tu caso tal vez puedas pasear en dirección a tu lugar habitual de **trabajo**... o si sueles ir en coche u otros medios de transporte a motor, quizás puedes proponerte dejar el vehículo lo suficientemente lejos como para poder disfrutar de 20 minutos de paseo hasta tu destino, con 3 ideas en mente para seguir conectando con tu felicidad y facilitarlo a otras personas:

... tomar el sol.

... **sonreír** a la gente al pasar.

... al llegar al destino: saludar con sonrisas y **abrazos**.

A la vuelta, tal vez con más tiempo disponible, puedes plantearte otras 3 acciones:

... pasar por dentro de un **parque**.

... escuchar los **pájaros** cantar.

... acariciar a alguna **mascota**.

HORA N.º 3: "LA CONTRIBUCIÓN"

La siguiente hora es siempre la más **productiva**, es en la que me dedico a tareas que me van a ayudar a avanzar hacia mis **metas** personales, laborales o de mi **propósito de vida**. Hasta este momento aún no he activado los datos del móvil: no he permitido que los mensajes entrantes, emails y notificaciones de las redes sociales me distraigan.

En esta hora suelo usar el **método Pomodoro**, que propone **25' de concentración** en una tarea seguidos de **5' de descanso**, estirando las piernas, los brazos o haciendo alguna otra actividad que me permita descansar mentalmente. Especialmente uso este método si voy a pasar varias horas de la mañana concentrado en una tarea, por ejemplo, escribiendo en el ordenador.

Finalmente, cuando siento que ya he terminado aquello que era prioritario para hoy, entonces reviso los **emails,** el **WhatsApp** y las notificaciones durante un máximo de 20' y no vuelvo a revisarlos hasta varias horas después, para responder a alguna nueva petición, pregunta o propuesta que haya surgido. Mi padre me explicó una vez que el teléfono y el ordenador pueden convertirse en "**ladrones de tiempo**", si permito que me interrumpan constantemente en las tareas en las que requiero concentración. Gracias, papá, por esta gran lección.

TARDES: DESCANSO, RELAX Y DIVERSIÓN

Una clave de la productividad es **oscilar** entre períodos de **trabajo**, descanso y **diversión**, igual que hace la naturaleza en sus ciclos. Se trata de evitar la **adicción** a las tareas o al trabajo que yo mismo he sentido muchas veces, precisamente cuando aquello en lo que trabajaba estaba en sintonía con mi propósito de vida.

Para no caer en el trabajo compulsivo y acabar quemándome, yo dedico las **tardes** a actividades que me **renuevan** y que me ayudan a **recargarme** de energía para el día siguiente. Es importante entender la importancia del **equilibrio**, abrazando el descanso, la relajación y la diversión con la certeza de que es una parte clave para poder sentirnos felices y realizar nuestro **propósito de vida**.

Pintar	Bici
Siesta	Leer
Bailar	Sexo
Cantar	Yoga
Cocinar	Jugar
Hipnoterapia	Meditar
Tocar un instrumento	Conversar
Recibir/dar un masaje	Ver una película
Afirmaciones en espejo	Mirar las estrellas

A cada una de las actividades anteriores suelo dedicarle entre 20' y 30', si bien algunas de ellas pueden absorberme durante horas... A veces el tiempo se pasa volando, disfrutando de manera intensa:

¿Con qué actividades pierdes tú la noción del tiempo?

FELI-DISCIPLINA

Michael Beckwith, fundador del centro *Ágape* en California, acuñó hace años el término *"Blissipline"* para referirse a la necesidad de comprometernos de forma activa con la propia felicidad. Frente al autocontrol basado en el miedo y la falta de confianza en la vida, la **autodisciplina para la felicidad** supone una forma de **liberación** que nos permite vivir la vida con optimismo y plenitud. De ahí que me haya permitido traducirlo como **"feli-disciplina"**.

Tras todo lo que hemos abordado en esta isla de la felicidad, te propongo que **integres** la feli-disciplina en tu vida diaria, asumiendo las **rutinas** que más vibren contigo o que mayor transformación creas que pueden aportarte: sueño, infusión, ejercicio, estiramientos, ducha fría, música positiva, gratitud, relajación mental, ayuno y desayuno, agenda, paseo, tomar el sol, abrazar, sonreír, jugar, leer, meditar...

Recuerda, además, que puedes integrar en tu feli-disciplina la reprogramación de tu mente para transformar la visión que tienes del mundo, incorporando algunas de las nuevas **creencias** que hemos presentado: "Mi **mente**, mi aliada", "Mis **emociones**, mi brújula", "Los cuatro **acuerdos** toltecas", "Una llamada al **Amor**"...

Las anteriores rutinas y creencias están llamadas a **propiciar** un nivel "básico" de felicidad que te impulse a alcanzar otros **más elevados** tras visitar las islas de la pasión y la libertad: la **felicidad** del **significado** vital, al identificar y realizar nuestro propósito y vivir con pasión; la felicidad del **despertar** de consciencia, al comenzar a recorrer consciente y libremente el propio camino de crecimiento y transformación.

Si crees que puede resultarte **difícil** integrar alguna de estas **rutinas**: te entiendo. Yo sentía mucha **resistencia** ante algunas de ellas, por ejemplo, el ejercicio o la meditación. Durante meses, cuando llegaba el final del día y aún no había hecho ninguna de las dos, me acostaba sintiendo **decepción**. Ahora sé que al final del día es cuando menos **fuerza de voluntad** suelo tener, por eso me conviene hacer en la mañana aquello que me sienta superbien y requiere un esfuerzo, para superar la resistencia al cambio.

Te propongo empezar integrando estas tres rutinas sencillas, rápidas (cinco minutos cada una) y transformadoras. Puedes hacer una al **despertar**, otra tras **comer** y otra al **acostarte**:

1) GRATITUD

Escribe **tres** cosas que **te gustan de ti** y otras **tres** de **situaciones, objetos y personas** por las que puedes sentir **agradecimiento**: Siente el **amor** y la gratitud en ti hasta que notes una **sonrisa** en tu rostro. De esta manera acostumbras a tu mente a tener cada vez más **pensamientos positivos** sobre ti y la vida.

2) ESPEJITO-ESPEJITO

Se dice que los ojos son el espejo del **alma**, así que mira fijamente **uno** de tus ojos en el espejo y **repítete** sonriendo y con cariño:
... **"Te amo."**
... **"Me gustas."**
... **"Todo te va a ir bien."**
... **"Te mereces ser feliz."**

3) SONREÍR

Escribe la frase "**Yo sonrío a la vida**" en los siguientes lugares, para recordarte sonreír muchas veces al día, hasta que la sonrisa sea **habitual** en ti:
... Espejo del cuarto de **baño**
... **Puerta** de entrada/salida de tu hogar
... Fondo de pantalla del **móvil**
... Escritorio del despacho, mesa del comedor...

Te invito a escribir en una **tarjeta** las rutinas para tu felicidad que quieres practicar a diario. En esta nueva tarjeta de "las emociones y la feli-disciplina" podrás ir integrando más rutinas **paso a paso**, al ritmo que tú decidas: cada semana o cada mes una nueva, para ir acostumbrándote a ella. Esta es mi tarjeta:

FELI-DISCIPLINA   (Cada día)
Al despertar, hora "Máscara de oxígeno":
... Me estiro, sonrío y recuerdo los sueños.
... 20': Agua + ejercicio físico + ducha fría.
... 20': Diario de gratitud + meditación.
... 20': Aprendo sobre algo que me apasione.
Agenda del día: ¿cómo quiero sentirme?
Desayuno o ayuno intermitente + paseo.
Frases en el espejo + contribuyo al mundo.
Por la tarde: Diversión, relax y descanso.
Por la noche: Sueño y descanso reparador.

Para concluir la escala en la isla del agua te doy las **gracias** por comprometerte con tu felicidad, pues es una de las **mejores maneras** en las que puedes **contribuir** ahora mismo a que el **mundo** mejore..

IDEAS FUERZA
ISLA DEL AGUA: "Felicidad"

FELICIDAD:
RAE: "Estado de grata satisfacción espiritual y física".
Estado natural del SER.
Derecho inalienable. Nadie me lo puede quitar, sólo yo.
Buscar la felicidad fuera: frustración, angustia, rabia...
No necesito nada para ser feliz: ser es siempre ser feliz.

INTELIGENCIA EMOCIONAL:
Armonizar 3 cerebros: Reptiliano, Mamífero y Primate.
Reptiliano: binario, agresivo, alerta, miedo, reflejos.
Peligro: atacar/parálisis/huir. Obsesivo, conservador.
Mamífero: límbico, emocional, empático, manada.
Primate: neocortex, racional, imaginativo, altruismo.
Emociones: brújula, coherencia con el ser.
No soy mis emociones: aunque a veces me controlaban.
Mis emociones son mías: nadie me provoca.
Ley del espejo: mis heridas, reflejadas en el entorno.
Siento en cuerpo, reconozco creencia, respiro y suelto.
No es real, son mis creencias.
Test de heterosexualidad: raro, confusión... empatía.

MIEDO: ESTADO DE ALERTA
Adrenalina y cortisol: enfermedades y dolores.
Supervivencia como especie, respuesta al miedo.
Energía: supresión de sistema inmune y reparación.
Alerta: boca seca, saliva espesa y amarga.
Antes: ataque del tigre; ahora: tapa del váter levantada.
Disfrutar adrenalina: explorar fuera de zona de confort.
Exceso: desventaja, muerte, adicción al peligro, vacío.
Masculinidad. Al reprimir el miedo: rabia y violencia.

Sociedad del miedo: castigos, notas, rechazo, policía.
Macho abusador: daña quien ha sido dañado.
Círculo de la violencia: se sale educando desde el Amor.
Delitos de odio: miedo + rabia.
Activismo lgbti+: "Aquello a lo que te resistes, persiste".
Deporte, competitividad: perder, enemigos... violencia.
Cooperar, compartir, disfrutar proceso, emociones.
Abandonar el drama: agradecer; sufrir es opcional.
100% responsable: Prefiero ser feliz a llevar la razón.
4 acuerdos: ser impecable con las palabras; nada es personal; no suponer nada; siempre hacer al 100%.

BIOQUÍMICA DE LA FELICIDAD
Endorfinas: analgésico/enmascaran dolor. Ejercicio.
Dopamina: placer; recompensa, adicciones.
Útil para generar nuevos hábitos. Fruta: primer bocado.
Serotonina: sentirse importante y querido. Metas.
Regula agresividad, apetito, sueño, deseo sexual.
Sonreír, relajarme, tomar sol, yoga, música, ideas+.
Bloquean: estrés, alcohol, falta de sueño, pensar mucho.
Oxitocina, amor, conexión, vínculos, contribuir, bebé, parto, lactancia, orgasmo, reír, abrazar, acariciar, baño agua caliente, agradecer, masaje, mascotas, naturaleza.
Equilibrio hormonal: felicidad.
Estímulos, conductas, imaginación, pensar, creencias.
Actividad al despertar: estirar, sonreír, relax, gracias...

PAZ INTERIOR: UNA LLAMADA AL AMOR
Yo conmigo mismo: para toda la vida.
No necesito a nadie para sobrevivir.
Tribu: crecer, evolucionar, desarrollar propósito.
Tribu: iguales intereses y valores, compartir dones.
Soledad: mirar adentro; mirar afuera; tu propia tribu.
Una Llamada al Amor: deleitarse con todo y con nada.
Creencias: feliz en futuro, al cambiar, deseos cumplidos.

Absurdo: Felicidad en el exterior. Felicidad no es placer.
Programa mental. Rechazo la realidad y a mí: rabia...
Liberarme del programa: observar mente y realidad.
Apego: instante de placer, infelicidad, falta de libertad.
No-apego: disfrute total, no renunciar. Amarlo todo.
Deseos: No te necesito para ser feliz. Felicidad ya en mí.
Pareja: amor es libertad. Acepto que seas tú mismo...
Amarme: dejar de fingir, reconocer quién soy.
Autocomprensión: permitirme expresarme.
Amor: compasión/gratitud; no juicio/etiquetas.
El Amor ya está en mí. Obstáculos: apegos/juicios.
Aprender a ver de nuevo: soledad, naturaleza, disfrutar.

FELI-DISCIPLINA: HÁBITOS PARA MI FELICIDAD

Mi felicidad: clave para la evolución de la humanidad.
20 de marzo, día internacional de la Felicidad, ONU.
Espiral infelicidad: dormir mal, comer mucho, picor...
Cada día es una vida en miniatura.
Sueño: horas previas, luz azul móvil, apagar wifi, relax.
Sueños: lecciones de vida; grabar voz, cuerpo quieto.
Hora 1, de Oxígeno: máscara, priorizarme.
20x20x20 ejercicio+agua, gracias+meditar, aprender.
Hora 2: desayuno o ayuno intermitente, agenda, andar.
Partes del día: cómo quiero sentirme y expresarme.
Hora 3, Contribuir: Meta personal, laboral, propósito.
Método Pomodoro: 25' concentración, 5' descanso.
Tardes: descanso, relax y diversión. Equilibrio. Recarga.
Feli-disciplina: liberación, vivir optimismo y plenitud.

INTEGRACIÓN
ISLA DEL AGUA: "Felicidad"

Muchas veces he oído que lo contrario del Amor es el odio y en esa expresión hay parte de razón, pues el odio incluye al miedo, y el **miedo** sí es lo **opuesto** al **Amor**. El miedo es la emoción de vibración más baja que podemos sentir los humanos y está en la base de todos nuestros **conflictos**.

Sin embargo, el miedo no es "malo". El **miedo** es mi **aliado**, pues me señala el camino de mi **mayor transformación**. Las **emociones** son un **sistema de navegación** que me indica si lo estoy haciendo de la mejor manera posible, sintiendo la felicidad (el amor, la paz, la alegría, la gratitud...) o si en cambio tengo alguna creencia o conducta que no está en sintonía con mi verdadera esencia, mi SER.

Cada persona debería, por tanto, **comprometerse** con mantenerse en la mejor dirección posible, la de la **felicidad**. Para ello, cada día es conveniente tomar decisiones que me faciliten sentirme feliz, **soltando creencias y conductas** antiguas y **realizando actividades** que propicien un estado físico, mental, emocional y energético coherente y óptimo, de mayor **fluidez** y menor resistencia, con mi propósito de vida y mi camino de crecimiento y transformación.

Por ello, en esta isla te he invitado a navegar por las aguas de la **inteligencia emocional**, el **estado de alerta** y la **química de la felicidad**. Te he planteado los **4 acuerdos toltecas** y el **amor incondicional** para finalmente presentarte rutinas y actividades que puedes implementar si quieres comprometerte con tu **feli-disciplina**, porque: "**Tú te mereces ser feliz**".

RECURSOS ON-LINE
ISLA DEL AGUA: "Felicidad"

Puedes acceder a los siguientes recursos a través de la página web **www.felixjawara.com**

MÚSICA POSITIVA. Te invito a escuchar dos canciones llamadas a **inspirarte**, facilitar tu conexión con la felicidad e invitarte a encontrar tu propósito de vida... y si te apetece puedes crear una **lista de reproducción** con estas dos canciones, junto a las dos de la isla anterior, para escucharlas y cantarlas: ¡A mí me encanta **cantarlas en la ducha**!

Chayanne – "**Madre Tierra**"
Axel – "**Celebra la Vida**"

CORTOMETRAJE. Para dejar atrás la isla de la felicidad con la certeza de haber incorporado sus aprendizajes te animo a ver este vídeo: "Puedo entender y soltar las emociones que bloquean la conexión con mi felicidad" (www.soy-tu.com):

"**Yo soy tú**"
(La Ley del Espejo)

PELÍCULAS. También te animo a ver 2 largometrajes de animación sobre las **emociones** y las **relaciones** interpersonales, además de la familia y la adolescencia:

"**Del Revés**" ("Inside Out", Disney/Pixar)
"**Trolls**" ("Cantar, bailar y abrazar", Dreamworks)

DESCANSO, INTEGRACIÓN, RECARGA...

¡Toca el momento de descansar, integrar y recargar!

Te invito a hacer una pausa, mover el cuerpo, respirar profundamente y beber agua antes de continuar el viaje en la siguiente isla.

Recuerda: puedes mover tu dedo índice delante de tus ojos, dibujando en el aire un símbolo del infinito, o un ocho tumbado, a la vez que sigues con tus ojos la punta de tu dedo para crear nuevas conexiones entre ambos hemisferios cerebrales.

3. <u>ISLA DEL FUEGO:</u>
"Pasión"

Te doy la bienvenida a la isla del fuego, la **energía** transformadora que, desde dentro, nos invita y empuja al cambio, a crecer y a soñar con un mundo mejor.

Igual que en las islas anteriores, identidad y felicidad, en esta isla de la pasión vamos a empezar cuestionándonos. Por ello te invito a responder a las siguientes tres preguntas, una detrás de otra, en relación a lo que sientes **habitualmente** cuando te **despiertas** y abres los ojos por la mañana. Para cada respuesta un simple **SÍ** o **NO** es suficiente:

> ¿Tengo muchas **ganas** de empezar el día?

> ¿Siento la **energía** en mi interior?

> ¿**Deseo** saltar de la cama?

Fíjate que la introducción que te he planteado a las preguntas dice "**habitualmente**" porque lo que te interesa observar es tu estado frecuente de energía al despertar. Cada persona es un mundo, así que la propuesta no es que te compares con otras personas, sino que te observes y analices, para ver qué nivel de **motivación** sientes al empezar el día.

Aquí va otra pregunta clave. Permítete permanecer en calma a la espera de las respuestas. Tal vez surjan con rapidez o quizás tarden más tiempo. Puede incluso que no se te ocurra nada. Sea como sea, está bien. Presta especial atención a las emociones que surjan en ti:

¿Qué me motiva para empezar el día?

Ahora te invito a analizar tu respuesta. La motivación que ha surgido, ¿es **externa** o **interna**? Distinguirlo es más fácil si me conecto con la emoción que he sentido.

Si se trata de una **emoción** en parte **desagradable**, es posible que yo esté situando la motivación **fuera de mí**. En ese caso quizás la sienta como una **obligación**, una responsabilidad demasiado pesada que yo he asumido pero que no surge del lugar adecuado en mi interior. Entonces seguramente lo que me está motivando a levantarme cada mañana no está conectado al completo con lo que me apasiona, y por eso no siento tanta energía en mí.

En cambio, si la emoción que siento al responder la pregunta es **agradable**, probablemente mi motivación es **interna**, en conexión con aquello que me apasiona en el fondo de mi **corazón** y que expreso con alegría, sin sentir ninguna carga u obligación. Es decir, mi motivación está conectada con mi fuego interior: mi **propósito** de vida.

148

Tras años trabajando como profesor y activista, observando a las personas de mi entorno y a mí mismo, he llegado a la conclusión de que **cada persona**, al menos todas con las que me he cruzado, tenemos algo en nuestro interior que nos **apasiona**.

También debe de ser tu caso: en ti hay algo que, cuando piensas en ello, enciende un **brillo** especial en tu **mirada** y, cuando lo mencionas, tu **voz** resuena con más fuerza, con un timbre **alegre** que transmite mucha energía. Ahí se encuentra tu propósito de vida y en esta isla va a hacerse visible y palpable.

Tengo un especial recuerdo de un **alumno** del instituto de Algatocín por el **ejemplo** que me mostró sobre la **pasión de vivir**. Desde el primer día de clase, mi intuición me había dicho que ese alumno no tenía ningún interés por aprender francés y decidí que yo podría hacer que eso cambiara, haciendo propuestas interesantes en clase.

Los días pasaban y este alumno cada vez tenía una **conducta** más **disruptiva** en clase. Finalmente un día en que no había traído de nuevo los deberes le puse un parte y le "exigí" que al día siguiente los trajera. Pero eso no ocurrió: no los trajo, le puse otro parte y lo **expulsé** al "aula de convivencia".

Una hora después el alumno se acercó a hablar conmigo, me pidió **perdón** y prometió hacer los deberes a partir de ese momento. Además me explicó que no había podido hacer los deberes la tarde anterior porque ese día había tenido entrenamiento de **fútbol** durante muchas horas. Fue entonces cuando, **llorando**, me rogó que le quitara el parte para evitar problemas con su familia.

Yo le pregunté: "¿Por qué no quieres que se entere tu familia? El parte no es más que la información de lo que ha pasado, y está bien que tu familia lo sepa" Y él me explicó: "Es que ya me han amenazado con quitarme del fútbol si vuelvo a tener otro parte... y jugar al fútbol y entrenar es **lo que más me gusta en la vida**". Y más lágrimas saltaron de sus ojos.

Tomé aire, llené mis pulmones y dejé una pausa antes de hablar. Me había dado cuenta de que aquel era un momento esencial para él y para mí, y le dije: "Creo que entiendo lo que sientes, y entiendo que si te pongo un parte estoy fastidiando algo que tú quieres hacer. Pues ahora me gustaría que te pusieras tú en mi lugar".

"Imagínate que tú fueras **entrenador** de fútbol y tuvieras en el equipo un chico que, cada vez que pones la **pelota** en juego, la coge con las manos y le clava una **navaja**, ¿cómo te sentirías tú si te hiciera eso todos los días de entrenamiento?".

"Pues me sentiría mal, maestro", dijo él.

Yo continué: "Pues así me siento yo cada vez que tú **me** haces lo mismo en clase cuando propongo una actividad, un juego o una dinámica y tú **me** cortas, **me** interrumpes..."

Conforme iba formulando estas frases empecé a ser consciente de que me estaba tomando como algo **personal** lo que hacía este chico, pues estaba usando expresiones del estilo de "me haces", "me cortas", "me interrumpes". Entonces me oí a mí mismo decirle "Además, si no quieres que te ponga un parte deberías hacer los deberes" y su respuesta terminó de mostrarme mi **incoherencia**.

"Maestro, pero es que tú dijiste a principio de curso que no ibas a mandar **deberes** y a mí es que **no me interesa** aprender francés. Yo me conformo con sacar un cinco en el examen. Estudio el día de antes y así puedo **jugar** al fútbol el resto del tiempo".

Aún se me eriza el vello al pensar en aquel momento. Aquel chico de 15 años me estaba regalando **lecciones** de vida muy valiosas: transparencia, coherencia, verdad, valor, humildad, honestidad... Él sabía lo que quería: **su pasión** era jugar al fútbol y estaba dispuesto a expresar con total claridad qué era su **prioridad** y qué no lo era. Además se había atrevido a llorar delante de mí y de otro chico, mostrando su **vulnerabilidad** al reconocer y afrontar su **miedo** ante la posible reacción de su familia y el hecho de que pudieran impedirle hacer lo que le apasiona.

Al observar aquello decidí mirar adentro, reconocer lo que había en mí y encontrar el **valor** dentro para **ser yo**, igual que ese alumno. Él había tenido incluso el coraje de señalar la incoherencia en una "autoridad" externa, a sabiendas de que "llevar la contraria a un profesor" no suele conllevar que la situación mejore.

Era verdad que yo les había propuesto no hacer deberes por las tardes. Les había animado simplemente a dedicar un rato cada tarde a repasar los ejercicios hechos en clase y lo visto por la mañana, con la creencia de que eso les bastaría para aprender rápidamente y mejorar su nivel de francés. Sin embargo, había **cambiado de idea** al ver que en esa clase varios chicos "daban mucho la lata" y no mostraban interés por la asignatura.

Paso a paso la **rabia** había ido ganando terreno en mi interior, sin que yo fuera consciente:

Sentía rabia al ver que esos chicos aparentaban **hacer** lo que querían y ser felices, pasando de la asignatura de francés, mientras que yo, en cambio, seguía dando clases a sabiendas de que **no me motivaba**. Y entonces entendí que la rabia que ese chico había sentido ante la idea de que le quitaran del fútbol era **similar** a la rabia que se había ido generando en mí y que me había empujado a poner el primer parte del curso. En ese momento **suspiré**, sintiendo que **soltaba** un peso, y le dije:

"Llevas razón, yo no voy a exigirte que hagas deberes, tal y como dije al principio, porque quiero ser **coherente**; además quiero respetar tus **prioridades** porque veo que te muestras muy consciente de las **consecuencias** de tus actos. Así que voy a quitarte el parte… siempre que te comprometas a no interrumpir ni distraer al resto del grupo en clase".

Acerqué mi mano a la suya y le pregunté: ¿Tenemos un **acuerdo**? Me dijo que sí y entonces estrechamos las manos y añadí: "**Gracias** por tu **sinceridad** y claridad, me gusta encontrarme con personas que me ayudan a ver cómo quiero ser".

Una semana después hablé con la **jefa de estudios** del instituto para plantear mi renuncia al puesto. El fuego de la **pasión** de aquel chico había **avivado** la llama de mi propio **fuego**, del de mi propósito de vida.

Ahora, mirando hacia atrás, veo que durante años he tenido muchas **motivaciones externas** que me empujaban a levantarme y "hacer cosas", aunque sin muchas ganas. Lo que realizaba estaba conectado con las **expectativas** sociales, familiares… es decir, mis motivaciones surgían de mi **ego** y sus heridas, y no de mi corazón.

Mi **corazón** es la clave de las motivaciones **internas**: no sólo me muestra aquello que me **apasiona**, sino también me invita a realizar una **misión** desde la que contribuir a mejorar el mundo. El corazón es el "gran **integrador**" que me anima, con sus señales, a unificar pasión y misión para así realizar mi **propósito** de vida.

Mi PROPÓSITO = mi PASIÓN + mi MISIÓN

La propuesta en esta isla es adentrarse conscientemente para descubrir estrategias que te ayuden a ver con claridad aquello que, grabado a fuego en tu corazón, está llamado a darte **alas para vivir**, porque es tu pasión y misión.

Y para entrar con un mayor nivel de consciencia te invito ahora a prepararte para responder a una última pregunta clave. Respira profundamente varias veces, coloca tus dos manos sobre el pecho, siente el **latido de tu corazón** durante unos instantes y disponte a leer la pregunta en voz alta para después cerrar los ojos y permitir que las respuestas surjan:

¿Estoy **realizando mi propósito** de vida?

Es decir, ¿cada día vivo con pasión y realizo mi misión?

Si la respuesta es **SÍ**, eso debe implicar que ya sabes cuál es tu propósito de vida. En ese caso te invito a recorrer esta isla para encontrar maneras de **facilitar** que otras **personas** de tu entorno también entiendan su propósito y lo vivan. Si la respuesta ha sido **NO**, te invito a **sonreír** y a disfrutar de este momento de tomar **consciencia**. Hoy puedes empezar a recorrer un nuevo camino en el que, simplemente al recorrerlo, vas a sentir un nivel mucho más elevado de felicidad, aquel que deriva de **vivir con propósito**.

Recuerda que antes de esta isla hemos pasado por las de la identidad y la felicidad, para integrar la importancia de la **feli-disciplina** y de los **pensamientos positivos**. Por eso, cuando me doy cuenta de que hay algo que puedo empezar a hacer de otra manera aún mejor, no me flagelo ni salgo huyendo. No hace falta que en ese mismo instante deje el trabajo, me mude o termine mi relación de pareja... más bien se trata de iniciar este proceso desde la **calma** y la **alegría**, dando pequeños **pasos** que me reubiquen en la senda de mi propósito vital para volver a sentir una profunda **satisfacción** en el pecho.

Estos son los siguientes pasos que te propongo en esta isla del FUEGO y la Pasión:

3.1. Inteligencia existencial.

3.2. La razón de ser: **IKIGAI**.

3.3. El hombre atrapado: profesión.

3.4. Mis dones e intereses: Mi **pasión**.

3.5. El mundo que deseamos: Mi **misión**.

3.6. Soñar con las estrellas: **propósito y visión**.

3.1. INTELIGENCIA EXISTENCIAL

Howard Gardner, psicólogo y profesor de la Universidad de Harvard, propuso en 1983 el modelo de "las **inteligencias múltiples**", planteando que el intelecto no es una característica innata e inmutable, sino más bien un conjunto de **potencialidades** que cada persona puede **desarrollar**.

De los **12 tipos** de inteligencias identificadas por Gardner y su equipo, el sistema educativo tradicional suele reconocer y priorizar tan sólo algunas de ellas, si bien todas forman parte del potencial de **crecimiento humano**.

Recuerdo el primer **test** de inteligencia que me pasaron en el último año del colegio, para medir mi **coeficiente** intelectual. Claramente aquel test no incluía todos los tipos de inteligencia que ahora reconozco, y por tanto era sesgado. Además aquella experiencia, tal y como nos la plantearon en la clase, me transmitió la idea de que el resultado del test me clasificaría para siempre en una categoría: "listo" o "tonto", como si la inteligencia no fuera en realidad un conjunto de **capacidades** que podemos desarrollar.

A continuación te invito a revisar los 12 tipos de inteligencias identificados por Gardner. Te propongo al mismo tiempo que valores, en cada una de ellas, en qué grado crees haberla **desarrollado** o **bloqueado** hasta el momento. Para cada inteligencia, asígnate una **nota**: puedes ponerte un "**0**", si crees que no la has desarrollado, "**1**", si sientes que la has desarrollado un **poco**, un "**2**" si la has desarrollado **bastante**, un "**3**" si te parece haberla desarrollado por encima de tus otras inteligencias y un "**4**" si esa inteligencia sobresale en ti.

Inteligencia lingüística: capacidad de comprender el orden y significado de las palabras, escuchar, hablar, leer y escribir.

Inteligencia lógico-matemática: capacidad para identificar modelos, utilizar hipótesis, método científico y razonamiento lógico.

Inteligencia espacial: capacidad para visualizar, esbozar, percibir detalles visuales y realizar creaciones.

Inteligencia musical: capacidad para cantar, escuchar, crear y analizar música y tocar instrumentos.

Inteligencia cinética-corporal: capacidad física para coordinar con fuerza, rapidez, flexibilidad...

Inteligencia intrapersonal: capacidad para exhibir disciplina, evaluarse, plantear metas, meditar...

Inteligencia interpersonal: capacidad empática y de gestión de relaciones, sentimientos y personalidades.

Inteligencia emocional: capacidad para la propia gestión emocional, la empatía y las habilidades sociales.

Inteligencia colaborativa: capacidad de elegir la mejor opción para alcanzar metas en equipo.

Inteligencia creativa: capacidad de crear ideas, ver con diferente perspectiva, fluidez y flexibilidad

Inteligencia naturalista: capacidad de observar, identificar y clasificar patrones, objetos y modelos.

Inteligencia existencial: capacidad para situarse con respecto al cosmos; significado de la vida y la muerte.

Recuerda que la nota que te has puesto sólo indica el punto en el que estás ahora, y por tanto, no es ninguna limitación para que puedas desarrollarte, al contrario, puede ser un **indicador** de con qué tipo de actividades quieres retarte para **desarrollar** tus inteligencias.

Centrémonos ahora en la **inteligencia existencial**. Zohar y Marshall en 1997 acuñaron el término "inteligencia espiritual" para referirse a esta misma inteligencia, ya descrita previamente por Gardner, si bien este último utilizaba los términos "**existencial**" y "**trascendental**". En muchas personas hay un empeño por no utilizar la palabra "**espiritual**" pues en nuestra sociedad genera muchos **recelos**, especialmente por su vinculación con la **religión** católica. Este era mi caso, educado en un colegio de **monjas** filipenses y luego en un instituto de **jesuitas**, llegué a la adolescencia harto de **normas** y **ritos** arcaicos. Durante años, cada vez que oía las palabras "religión" y "espiritual" me salía "**sarpullido** mental". Por eso a mitad del bachillerato elegí identificarme como **ateo**, y, más adelante, como **agnóstico**.

Años más tarde empecé a desarrollar mi inteligencia existencial, al empezar a intuir **respuestas trascendentes**, y con el tiempo sentí superado el conflicto con las palabras religión y espiritualidad, igual que con otras muchas ideas y conceptos a los que, hasta ese momento, había dado el poder de activar la rabia y el miedo en mí. De hecho, me parece interesante plantearte la diferencia entre la **religiosidad**, estructura humana para intentar encauzar la espiritualidad, y la propia **espiritualidad**, que es la capacidad de tener aspiraciones profundas e íntimas, crear ideales de vida y anhelar una visión de la vida y de la realidad que integre, conecte, trascienda y dé **sentido a la existencia**.

Algunas **religiones** pueden facilitar a ciertas personas el desarrollo de su inteligencia espiritual, a la vez que, en otras, también pueden contribuir a bloquearlo con sus dogmas y encorsetamientos.

Por tanto, la inteligencia espiritual, existencial o trascendental no debe confundirse con la religiosidad. Esta **inteligencia** es un **dato** antropológico, no una cuestión de fe, y, al igual que el resto de inteligencias, podemos **entrenarla** y su desarrollo va a depender de la persona y sus circunstancias. De hecho en esta isla, la isla del fuego, voy a desarrollar esta inteligencia, ya que transitaremos **caminos** que me permitirán encontrar mis motivaciones internas, aquellas que pueden ayudarme a sentir la felicidad en un nivel muy superior al conectarme con mi **propósito y visión de vida**.

Yo puedo creer en un **dios** único, en varios o en la ausencia de todos ellos; puedo creer en la **reencarnación**, en la vida eterna o en la muerte como punto final de toda mi existencia... en realidad puedo creer lo que yo quiera, y repetírmelo en la cabeza hasta tener la sensación de que poseo la **verdad**. Sin embargo la verdad, más allá de lo que yo piense o crea, "**está ahí afuera**", sea la que sea.

Así que, para **unificar** criterios a la hora de circular por esta isla de la pasión, sólo voy a pedirte que asumas la siguiente **creencia** acerca de ti. Puedes tomártelo como un ejercicio de empoderamiento personal:

Yo tengo una **habilidad especial**,
algo que **se me da bien** y con lo que,
además de **disfrutar** al ponerlo en práctica,
cuando pongo la **intención correcta**,
contribuyo a mejorar el mundo.

En realidad mi creencia es que todas las personas tenemos algo especial con lo que sentir pasión y contribuir al mundo: **TODAS**. Esta, de hecho, es también la creencia mayoritaria en Okinawa, la isla japonesa con mayor número de personas **centenarias** del mundo. En el siguiente capítulo visitaremos esta isla y descubriremos la importancia que conceden allí a descubrir el propio **IKIGAI** o "razón de ser".

Te invito a imaginarte un **niño** pequeño durante unos segundos. Seguro que puedes imaginar la diferencia que podría suponer en su vida si la **educación** que le ofrecemos le enseña que él es **único** y **especial**, igual que cada ser vivo del planeta, y que puede desarrollarse y expresarse con **libertad y autenticidad**. Imagínate también que le enseñamos que es **responsable** al 100% de sus emociones y de las consecuencias de sus actos, y le animamos a desarrollar sus **habilidades** y sus **pasiones** en sintonía con su **misión** de vida, desde el amor incondicional y el **respeto** al entorno y a **todas las personas**.

Ahora supón que el niño al que te he pedido que imaginaras es Adolf **Hitler**. Si alguien le hubiera dado esa **educación**, y él la hubiera integrado, no habría podido convertirse en el adulto que mandó exterminar a millones de personas.

Profundicemos el caso de Hitler. Él parecía tenía varias **habilidades** que le apasionaban: planificar, organizar e inspirar a las masas. Además, con toda seguridad, su mente le hacía creer que sus acciones mejorarían el mundo: Hitler quería "**limpiar**" la raza humana. Y, a mi juicio, ahí estaba el conflicto: su intención no era la correcta.

La intención de Hitler no partía desde el amor incondicional a todo lo que hay, el respeto a todas las personas y sus derechos; su **intención** probablemente partía desde el miedo: el miedo al pueblo judío y su poder, el miedo al pueblo gitano y su libertad, el miedo a la diversidad sexual y su anarquía... el **miedo a la vida** tal y como es. Hitler fue educado en el miedo, como la mayoría de hombres lo hemos sido.

Igual podríamos decir de Stalin, Franco y cualquiera que haya ejercido **autoritarismo** sobre otras personas... ya sea mi jefe en el trabajo, mi hermana mayor o yo mismo en mi rol de **padre** o **profesor** autoritario, o incluso en mis relaciones de pareja. Cada vez que he creído saber lo que necesitaban las personas que me rodeaban y me he propuesto **imponérselo**, he abandonado la intención de amor incondicional y me he alejado de mi propósito de vida, trayendo y atrayendo miedo y **violencia**.

En mi experiencia, cuando me centro en mi propósito de vida con una intención de **amor**, no sólo me siento superfeliz, sino que veo cómo mi felicidad se **irradia** y cambia el mundo que me rodea. Por ello, sin la pretensión de imponerte nada ni la creencia de saber lo que tú necesitas, te invito a que seas tú quien descubras lo que te motiva profundamente, tu "razón de ser"... tu **IKIGAI**.

3.2. IKIGAI: LA RAZÓN DE SER

El verano pasado tuve un accidente practicando **surf** en la costa de Portugal. Una ola pequeña proyectó mi tabla contra mi **pecho** y caí al agua, paralizado. Salí arrastrándome hasta la orilla y una vez allí noté como me temblaba todo el cuerpo y me dolía el pecho al respirar. Decidí optar por la calma y la aceptación: durante cuatro días estuve en la cama, sin poder hinchar mis pulmones al completo, sintiendo **pinchazos** cada vez que alguien me hacía **reír**... y con mucho tiempo para meditar sobre mí y la vida... aunque también aproveché para ver alguna película.

Fue aquella semana, en aquel campamento en Portugal, cuando encontré el libro "Ikigai, los secretos de Japón para una **vida larga y feliz**" (Urano, 2016), de Héctor García y Francesc Miralles, donde relatan sus conclusiones tras visitar la aldea de Japón con el mayor índice de longevidad del mundo: **Ogimi**, en Okinawa. Allí viven personas centenarias que "se sienten eternamente jóvenes", padecen escasas enfermedades crónicas y muestran un alto nivel de **vitalidad**.

Según García y Miralles, cinco son las **claves** responsables de la **longevidad y felicidad** de quienes habitan Ogimi:

- **Conocer** el propio **IKIGAI** o propósito vital.
- Tener fuertes **relaciones** con el entorno.
- Practicar **ejercicio** moderado.
- **Alimentarse** de forma saludable.
- Mantener una **mente positiva.**

IKIGAI

"Ikigai es la razón por la que nos levantamos por la mañana", explica la gente en Ogimi. Es sinónimo de "tener un propósito en la vida, una **razón de ser**". Una vez descubren su ikigai, lo siguen **toda la vida**.

RELACIONES CON EL ENTORNO

En Ogimi cada familia tiene un huerto y lo cuidan cada día. Además tienen muchas otras ocupaciones: celebrar **fiestas** con música y baile, reunirse con **amistades**, cooperar con la **comunidad** a través de los *moai* (grupo de intereses comunes) y hacer **voluntariado** coordinado por el ayuntamiento.

PRACTICAR EJERCICIO MODERADO

El mero hecho de trabajar en el huerto ya les mantiene en forma. Además, apenas usan más **transporte** que sus **piernas** y la mayoría practican gimnasia en grupo: 5-10 minutos de ejercicios matutinos (calentamiento, estiramiento y movilidad de las articulaciones).

ALIMENTACIÓN SALUDABLE

- Dejo de comer al **80%** de la capacidad estomacal.
- Cereales: base de la dieta, con moderación.
- Alimentos **antioxidantes**: tofu, miso, nori, col...
- **Variedad** de alimentos de forma regular: 200+.
- Evito el azúcar, los dulces y el chocolate.
- Sal: en torno a 7 gramos/día.
- **Pescado**: tres veces/semana.
- Carne: 1 o 2 veces/semana.

MANTENER UNA MENTE POSITIVA

Vivir el **momento**, no preocuparse por el pasado, el futuro o aquello que no está en nuestras manos cambiar, dar las **gracias** a diario, conectar con la **naturaleza** y abrir el corazón a la gente con una **sonrisa** en la cara.

Si te das cuenta, la mayoría de las características anteriores las hemos abordado en las islas de la identidad y la felicidad. En esta, en cambio, la del propósito, quiero centrarme en cómo **descubrir mi IKIGAI**, o propósito de vida.

El IKIGAI se define como la **intersección** de aquello que amo, aquello que se me da bien, aquello que el mundo necesita y aquello por lo que me pueden pagar. La clave del IKIGAI es encontrar qué hay en el **centro** del gráfico y hacer de eso el **eje de mi vida**:

Los cuatro círculos cuya intersección define el IKIGAI:
- **Placer**: LO QUE AMO
- **Dones**: LO QUE SE ME DA BIEN
- **Recompensa**: POR LO QUE ME "PAGAN"
- **Contribución**: LO QUE EL MUNDO NECESITA

El IKIGAI responde a la "ley de la circulación" de la energía, es decir el **equilibrio** en el fluir de la **energía** en el cosmos. Si el universo me ha regalado unos **dones** y la capacidad de sentir **placer** poniéndolos en práctica, cuando los **entrego** al mundo estoy "creando hueco" en mí para entonces poder comenzar a **recibir** todas las recompensas que el universo tiene preparadas para mí, incluidas las monetarias. De hecho, "humano" en **sánscrito** se traduce como "**quien dispensa dones divinos**".

Como veremos en los siguientes capítulos, no encontramos el equilibrio cuando permanecemos tan sólo en uno de los lados del gráfico, de ahí el interés de encontrar el IKIGAI, el centro, para sentir felicidad y paz interior.

En desequilibrio tan sólo accedo a uno o varios de estos elementos:

- **Profesión**: se me da bien y me pagan por ello.
  ... Sensación de vacío e inutilidad.

- **Pasión**: amo lo que hago y se me da bien.
  ... Sensación de inutilidad y falta de recompensas.

- **Misión**: amo lo que hago y contribuyo al mundo.
  ... Sensación de incertidumbre, falta de recompensas.

- **Vocación**: contribuyo al mundo y me pagan por ello.
  ... Sensación de vacío e incertidumbre.

De este modo podemos entender que mi IKIGAI es a la vez la **intersección** entre pasión, misión, vocación y profesión. Analizaremos estos elementos en los siguientes capítulos.

ESTADO DE *FLOW*

Para identificar mis pasiones, y por tanto acercarme a descubrir mi IKIGAI, puedo prestar atención al estado de *flow* (**fluir**). Se trata de ese estado en el que me encuentro cuando "el **tiempo** parece pasar **volando**", y ahí suelo estar haciendo algo que se me da bien (**habilidades**) y que amo (**intereses**).

En mi caso, la primera vez que fui **consciente** del estado de *flow* fue en un instituto en Coín. Estaba en el salón de actos del centro, impartiendo un **taller** de la federación Arco Iris para todos los grupos de 4.º de la ESO del instituto. Aquel día había invitado a una amiga a acompañarme y era la primera vez que ella me veía impartir uno de estos talleres. Al salir del instituto esta amiga se me acercó y me dijo con los ojos muy abiertos:

"Mientras estabas dando la charla era como si hubieras dejado de ser tú". Paró un momento y enseguida añadió: "Bueno, lo que quiero decir es que tu **presencia** era diferente de como suelo verte. Durante el taller se notaba cómo estabas disfrutando plenamente, sin importar nada más: **brillabas** mucho más que de costumbre a la vez que toda la gente que estábamos en la sala nos íbamos calmando, sintiendo cada vez más la **paz** que tú transmitías".

Desde muy pequeño siempre había sentido ganas de ofrecerme para ser delegado de clase o **actuar** en las obras de teatro del "cole", además tocaba la bandurria en un grupo infantil en actuaciones musicales en el pueblo y me gustaba bailar. Sin embargo en la adolescencia algo cambió y empecé a sentir miedo y vergüenza ante la idea de estar "expuesto" al público: tenía **miedo** de la gente... por "mi **secreto**". Así que en el instituto ya no fui delegado de clase e intenté pasar aquellos años de manera inadvertida.

En la Universidad, en cambio, me propuse enfrentar mi miedo a hablar en público y, saliendo de mi zona de confort, me ofrecí para ser **delegado** de una clase en la que no conocía a nadie. Me eligieron. Aún recuerdo el primer día en el que tuve que leer un documento oficial a toda la clase: me **temblaba** el papel... ¡parecía que el folio fuera a salir volando! Cuando terminé de leer levanté la mirada y noté que el miedo ya no me paralizaba... y seguí hablando más **seguro** de mí que antes. Aquella **experiencia** en la universidad me preparó para algo que llegaría años más tarde y que me apasiona: dar **conferencias** ante 100, 200, 500 o 1000 personas.

Cuando entro en estado de *flow* (fluidez) ya no hay esfuerzo ni sensación de trabajo: hay **conexión** con la vida, **fluyendo** con ella; me noto lleno de energía, sin cansancio; siento como si mi ego se recogiera y algo más grande e importante que mi "yo pequeño" tomara el timón y me guiara; tengo la sensación de estar inmerso en una misión apasionante; durante esos momentos no pienso ni en el pasado ni el futuro; estoy completamente presente en lo que estoy haciendo; me permito sentirme plenamente **feliz** con lo que hay **AQUÍ Y AHORA**.

Mihály Csikszentmiháyi introdujo en 2009 el término "estado de fluidez" relacionándolo con la creatividad, el talento y la felicidad. Según explica este autor, durante el estado de flow me veo inmerso en una actividad que **estimula** mis pasiones, intereses y curiosidades, activando mis sentidos. En *flow* pierdo la noción del tiempo y se elevan mi **creatividad** y productividad, ya que se genera en mí un alto grado de **concentración** y mi atención se centra en esta tarea intrínsecamente gratificante que siento realizable.

Estas son las claves que corresponden al estado de fluidez:

1. Me marco objetivos claros y alcanzables... **Yo logro**

2. Hago aquello que me resulta interesante... **Disfruto**

3. Elijo una tarea con dificultad asequible... **Yo puedo**

4. Mantengo toda mi atención focalizada... **Me centro**

5. Propicio momento-lugar de calma... Sin distracciones

6. Me centro en el proceso... **Aquí y Ahora**

El estado de fluidez ocurre si nos **centramos** en la realización de la **tarea**, no en el resultado. Lo realmente importante por tanto es **disfrutar** de lo que hago, y eso, de por sí, produce resultados creativos y productivos.

En el estado de *flow* alterno **ciclos** continuos de recompensa, acercamiento y acción. Cada ciclo que completo impulsa al siguiente. Es como una **noria** que se ha puesto en marcha y ya no necesitara más energía externa para continuar moviéndose. Es el disfrute del momento, la conexión con la felicidad, el que me aporta la motivación y la **energía**, dando lugar a una **recompensa** química en el cerebro.

Aquí son fundamentales las hormonas que vimos en la isla del agua, especialmente la dopamina y las endorfinas, al aportar energía y **placer** que impulsan la **motivación** interna, fortalecen el **hábito** y ayudan a mantener mi **atención** en el presente.

¡Ojo! En *flow* puedo olvidar con facilidad atender mis **necesidades** fisiológicas (comer, dormir, hacer ejercicio...), así que debo recordar y asumir mi feli-disciplina en torno a los estados de fluidez para asegurarme un **sueño** reparador, un **reposo** mental suficiente, una **actividad física** adecuada...

En mi caso, del mismo modo que suelo tener momentos de *flow* al impartir talleres y cursos, también he tenido otros momentos de **fluidez** en otras circunstancias: haciendo yoga, hablando con un amigo durante horas, **leyendo** un libro apasionante, cuidando el huerto, mirando el **atardecer** en el mar, **pintando** con acuarelas, **jugando** con mi hijo...

Seguro que tú también has experimentado estados de fluidez, así que te invito a **recordar** algunos de esos momentos en los que el tiempo pasaba volando y **disfrutabas** de lo lindo: da igual si fueron unos minutos o varias horas. La **sensación** es lo importante. Intenta recordar varios de esos momentos y anota 2 o 3 en tu bloc o cuaderno:

> ¿Cuándo he experimentado momentos de *Flow*?

Tal vez al recordarlos una **sonrisa** se ha dibujado en tu cara, o incluso te has reído. Yo siento mucha paz y alegría por el hecho de saber que me basta con **evocar** en mi mente ciertos recuerdos del pasado para conectarme con mi felicidad. ¡Es tan fácil!

3.3. PROFESIÓN: EL HOMBRE ATRAPADO

Como profesor de secundaria y bachillerato he conocido a una gran cantidad de estudiantes que elegían sus **estudios** en función de las **expectativas** familiares, sociales y culturales, sin realmente escuchar su voz interior. Yo mismo lo había hecho así.

En 4.º de **carrera**, en la Escuela de Ingeniería Superior de Telecomunicación de Málaga, recuerdo una conversación con dos amigas, Sonia y Paloma. Una de ellas dijo "No sé por qué hemos escogido esta carrera. Habríamos sido más felices en magisterio, habríamos terminado ya la carrera ¡y tendríamos unas notazas!"

Y era verdad, al menos a mí la ingeniería no me motivaba. Es cierto que se me daban bien las matemáticas y que aprobaba con facilidad y buenas notas las asignaturas de "Teleco". Sin embargo, lo que **prefería** era salir a **repoblar** un monte con el grupo local de WWF/Adena, planear actividades educativas con Amnistía Internacional o escuchar y **compartir** vivencias en Colega-Málaga.

Los **idiomas** también me encantaban y se me daban muy bien. Solía buscar situaciones para practicar y aprender lenguas. Por la mañana iba a clases de inglés, francés y alemán en la Escuela Oficial de Idiomas de Málaga: ¡disfrutaba como un niño pequeño en esas clases! Por la tarde en cambio acudía a mis "obligaciones" de la carrera, a clases de **asignaturas** con las que me aburría muchísimo. Estaba convencido de que ese era el **precio** a pagar, para ser un "hombre de verdad", un "hombre serio y responsable", un **"hombre de provecho"**.

¿Era coincidencia que mi **padre** querría haber estudiado esa ingeniería? Ahora veo que no. Entonces no era consciente: yo estaba intentando que mi padre se sintiera **orgulloso** de mí, como machote, y **compensar** mi orientación homosexual.

En aquellos años aún no me daba cuenta de que yo estaba **eligiendo** todo aquello y que podría haber dejado de estudiar "Teleco" en cualquier momento y dedicarme a lo que realmente me apasionaba y me hacía sentir útil... pero aún no había entendido que lo que me apasionaba podía a la vez ser una fuente de **ingresos** a nivel monetario. ¡Que no hacía falta tener miedo al futuro ni a la vida!

Así que terminé la carrera, con intención de irme y **viajar**. Después de un año de Erasmus en Alemania, me fui a Francia a practicar el idioma y trabajar como comercial textil, pues no encontraba trabajo como ingeniero: acababan de caer las Torres Gemelas de Nueva York. Viviendo en **París** me sentía muy feliz: vivía con mi pareja en "Le Marais", trabajaba de forma esporádica para mi amigo Gilbert y colaboraba con asociaciones locales: el movimiento de jóvenes gays y lesbianas y el nuevo grupo de "minorías sexuales" recién creado en Amnistía Internacional de Francia.

De vez en cuando me invadían ciertos pensamientos circulares: "Deberías buscar trabajo de ingeniero, después de todo lo que has estudiado y la **inversión** que han hecho tu familia y tu país en ti", así que volvía a echar mi currículo por internet. Una de las veces me llamaron para participar en el proceso de selección de una **consultoría**. Pasé el primer examen y a la **entrevista** fui con un jersey naranja... precioso. Todos los otros aspirantes llevaban traje y/o chaqueta. Yo me sentía superbien en mi **jersey** supernaranja.

En la entrevista me preguntaron para qué tipo de empresa quería trabajar y yo dije que era una persona muy **flexible** y adaptable y que no tenía una preferencia: "Eso sí, por cuestiones de **ética** ecológica, no me gustaría tener que trabajar para alguna petrolera que haga extracciones en el mar". Yo había visto, preparándome para la entrevista, que la consultora tenía entre su cartera de clientes una **petrolera** que había provocado un gran **vertido** en el mar.

¿Crees que me cogieron para el puesto?

No. Resultado: empecé a **castigarme** a mí mismo.

Mi mente me convenció de que era **culpa** mía. "Tienes que dejar de **vestirte** como te gusta y empieza ya a **ocultar** tus valores para encontrar un trabajo decente". Así que me compré un **traje**, cuidé lo que decía para no meter la pata y en menos de un mes conseguí trabajo en una mega **multinacional**... y, en menos de un mes, empecé, por primera vez en mi vida, a tener **migrañas** oftálmicas: dolores de cabeza vinculados a la **visión**.

Entonces tampoco había oído hablar ni leído nada sobre la **biodescodificación**, y cómo muchas de las **enfermedades** y dolencias que padecemos tienen una clara vinculación con cuestiones **emocionales**. Ahora, con perspectiva, veo claramente la relación entre perder la visión y tener **dolores de cabeza**, cuando lo que estaba pasando es que mi **mente** hiperactiva había tomado el control de mi destino y no me permitía **ver** mi verdadero camino... el de mi propósito de vida.

Seis meses después de empezar a tener dolores de cabeza decidí **abandonar** el trabajo y montar una pequeña empresa familiar de energías renovables con mi prima Esther.

A la vez eché mi currículo en Amnistía Internacional para coordinar campañas de feminismo. Ambas opciones no cuajaron y en la federación Colegas me ofrecieron un **contrato** para hacer actividades educativas en relación a la diversidad sexual. Entonces **terminaron** los **dolores** de cabeza.

Había encontrado algo que me **apasionaba**, **contribuía** al mundo, mostrándome con autenticidad, e ¡incluso me pagaban por hablar abiertamente de mi orientación sexual! Había encontrado mi IKIGAI, aunque aún no sabía cuál era exactamente. Empecé a trabajar con muchas **ganas** y a los dos años **me quemé**. El presidente de la asociación me decía: "Llevas para adelante el trabajo que realizarían tres personas" y yo me sentía orgulloso de oír aquello.

Sin embargo, faltaba **equilibrio** en mi vida, entre el **trabajo,** el **descanso**, el **ocio**, el **ejercicio**... Un amigo psicólogo me hizo caer en la cuenta de que estaba intentando tapar un **vacío**: quería aparentar ser **supereficaz** en el trabajo para así sentirme valorado y compensar algunas **heridas** no sanadas de la infancia. Volvieron los dolores de cabeza y los **herpes** empezaron a aparecerme en mi labio superior para avisarme de que mi actitud no era la adecuada.

Y entonces volví a sentir la **presión** de la **familia**. Mi tía Mari, profesora de matemáticas, mi tío Brígido, profesor de Historia, mi hermana Nany, profesora de Informática, mi padre y mi madre, personal funcionario de Correos, mis abuelos y tíos, de Renfe... Por muchos frentes me animaban a prepararme las **oposiciones** de profesorado "para tener seguridad, dinero, jubilación..." y entré por el aro. Me pasé tres meses encerrado en casa: me leí los 68 temas de las oposiciones de Francés para **secundaria** y me aprendí la mitad de los temas...

Estaba claro que el destino quería que yo aprobara: salió el tema "Las **comunicaciones** en Francia". Como ingeniero de telecomunicaciones explicar aquel **tema** me resultó muy fácil y me pareció una suerte enorme: de todo el temario, era mi tema **favorito**. Y así comencé a trabajar de **profesor** de idiomas para la Junta de **Andalucía**. De nuevo, los primeros años disfruté muchísimo, porque había encontrado una manera de hacer lo que hacía en Colegas, ahora desde dentro del sistema educativo y cobrando mucho más dinero.

En cada **instituto** al que iba a trabajar como sustituto durante unos meses la realidad se alteraba: salían **estudiantes** del **armario**, organizaba actividades para **visibilizar** la diversidad sexual, con el apoyo de parte del profesorado... y me sentía superútil... con un horario de 9 a 14 horas que impedía que pudiera quemarme por sobredosis de trabajo.

Eso sí, ya me encargaba yo de **sobrecargarme** por las tardes, coordinando activismos en la comarca donde estuviera trabajando de "profe". Aun así, durante años disfruté mucho del regalo que me estaba dando la vida: **turismo** rural y activismo lgbti+ **retribuido** por la administración educativa.

El sueño empezó a desdibujarse cuando me abrieron un **expediente** en relación a los conflictos con la directora de la Escuela de Arte de Úbeda que ya mencioné en la isla anterior. Poco tiempo después me fui a la **India**, en un viaje de la Fundación Vicente Ferrer a Anantapur, y aquel viaje volvió a transformarme. Allí comencé a practicar **yoga** de forma habitual y a conectarme con mi **cuerpo**... y eso me ayudó a empezar a **soltar** mi identificación con la profesión de "profe".

SOLTAR UNA PROFESIÓN:

Según un estudio presentado en 2019 por el grupo Adecco en relación al ámbito laboral, en España **3 de cada 4** personas creen **no** haber alcanzado aún su **propósito** vital. Y prácticamente la mitad siente que no dedica suficiente tiempo a hacer lo que más le gusta.

Detrás de este **fracaso** social se esconde el énfasis que ponen el sistema educativo y las familias en empujar a la gente joven a estudiar en función de las **salidas** profesionales y los **ingresos** económicos, teniendo en cuenta como factor prioritario sus **habilidades** (en función de las notas que sacan), por encima incluso de su interés por el tema.

Si trabajo en algo que no me gusta, simplemente porque se me da bien y me pagan, voy a tener una sensación profunda de **insatisfacción** e **inutilidad** en mi vida. De hecho, eso responde a un patrón materialista en el que el criterio es simplemente ganar **dinero** y estatus social: el **falso poder**.

Teniendo en cuenta que tradicionalmente el rol del hombre era **traer** el **dinero** a casa, poco importaba si era con un trabajo que le apasionaba o con el que contribuía al mundo. Lo importante era tan sólo cubrir el papel de "cazador" de recursos. Muchos **hombres**, por tanto, se sienten **atrapados** en la profesión que han elegido, pues creen que no la pueden soltar porque dejarían de responder a ese **rol tradicional**.

Si ese es tu caso, y sientes que no te gusta tu trabajo, es un momento ideal para centrarte en tu **feli-disciplina**, independientemente de cuál sea tu edad.

La primera vez que noté que ya no me apasionaba trabajar como profesor solicité una **reducción** de jornada y empecé a sentirme mucho mejor, pues empecé a dedicar tiempo a otras actividades que sí me satisfacían. Hoy tengo claro que no tiene sentido hacer cosas que no me gustan, aunque se me den bien, pues acabo sintiendo frustración y enfermando. Eso sí, si tengo un compromiso, alguna responsabilidad u obligación económica, mejor doy las **gracias** por todo lo positivo que hay ahora mismo a la vez que asumo mi responsabilidad total y empiezo a dar **pequeños pasos** hacia lo nuevo que deseo en mi vida.

Hubo un tiempo en que, cuando una circunstancia no me gustaba, entraba en modo **queja** y notaba cómo me alejaba de mi felicidad, resultándome cada vez más **difícil reconocer** las nuevas oportunidades que tenía alrededor. Ahora en cambio, si algo no me gusta, pongo mucha atención consciente a crear "buen rollito" en mi mente. Al crear pensamientos positivos comienzo a ver maneras de mejorar mi situación, a la vez que empiezo a detectar **oportunidades** que hasta este momento no estaba viendo... y me siento "estupenda-mente".

PROFESIÓN VS. "MISIÓN APASIONANTE"

Desde el **sistema** educativo deberíamos apostar por **ayudar** al alumnado a descubrir su **IKIGAI**, su propósito de vida para, a partir de él, decidir su camino. De hecho, antes que optar por una profesión, creo que es mucho más **motivador** y, por tanto, útil a largo plazo, plantearse la propia **misión** de vida, conectada con las propias **pasiones**: mirar primero dentro para ver qué habilidades tengo y me apasionan, mirar entonces fuera para encontrar cómo utilizarlas para cambiar el mundo.

Mi recomendación es, por tanto, evitar pensamientos tendentes a "crearme una carrera profesional" y en su lugar proponerme una **"misión apasionante"**. Se trata, pues, de hacer lo que me gusta, desde el **corazón**, y para eso tengo que escuchar mis **emociones**. Cuando siento la **pasión**, el entusiasmo, la conexión, el amor... ahí cerca está mostrándose mi propósito de vida... y entonces el dinero llegará, y otros muchos regalos de la vida en recompensa por hacer lo que mi corazón pide.

Y cuando hablo del corazón, no me refiero a un símbolo, sino al órgano físico. El corazón nos da las señales para elegir el camino y la mente nos ayuda a recorrerlo. Por tanto, no se trata de elegir al corazón y renunciar a la mente, sino de **armonizar** su funcionamiento, definiendo conscientemente la **jerarquía** en la toma de decisiones. Si mi objetivo es vivir feliz, debo permitir que el corazón guíe, a la vez que pongo la mente, y el **ego**, a su **servicio**. En equilibrio, constituyen un equipo maravilloso: el **corazón** es el **capitán** llamado a dirigir el rumbo, mientras que la mente constituye la tripulación que realiza con eficacia lo necesario para llegar a buen puerto.

CORAZONADAS

¿Has oído la expresión "tener una corazonada"? Mientras que en otras culturas milenarias han prestado especial atención al corazón y sus mensajes, en nuestra sociedad actual aún se desprecian los sentimientos bajo la **tiranía** de la mente y la **razón**, un desequilibrio que origina gran parte de los conflictos humanos y la desconexión del propósito vital.

La **mente** humana es una **herramienta** magnífica, pero el corazón va mucho más allá. El Instituto *HeartMath* publicó en 2015 el libro *"Science of the Heart"* donde explican los resultados de los **experimentos** científicos que han realizado en relación al **corazón** y sus efectos en la experiencia y la conducta humanas.

A nivel **electromagnético**, el campo eléctrico del corazón es 50 veces mayor y el magnético 100 veces más poderoso. Esto implica que mi **corazón** es mucho más **sensible** a las informaciones del entorno que mi cerebro craneal. Además, en torno al corazón hay una red de millones de neuronas que decodifican las informaciones detectadas y que transmiten sus conclusiones al cerebro de la cabeza, sin interferencias aún de las partes primarias, emocionales y racionales del cerebro.

Desde el instituto *HeartMath* señalan que un ritmo cardíaco estable facilita que la amígdala, responsable de la mayoría de respuestas primarias agresivas, permanezca en calma, con lo que podemos vivir, y disfrutar, de **estabilidad** emocional y **claridad** mental. Para conseguirlo recomiendan 4 técnicas que han testado con adolescentes, policías y militares:

- reducir el ritmo de la **respiración**.
- focalizar la atención en la zona del **pecho**.
- autogenerar sensaciones de **calma** y positividad.
- activar en la mente sentimientos de gratitud y amor.

Durante décadas dediqué mucha energía a reforzar mi mente, a planificar e intentar tenerlo todo controlado... sin darme cuenta de que las grandes decisiones, y también las pequeñas, podía confiárselas a mi corazón.

Al no escuchar a mi corazón me comportaba como un **zombi** que deambula sin un rumbo claro, dando bandazos. Ahora, en cambio, me aplico conscientemente para escuchar al corazón, realizando a diario tres **ejercicios** sencillos y transformadores relacionados con las recomendaciones del instituto *HeartMath*. El objetivo, dar a mi mente el mensaje de que quiero escuchar a mi corazón, para que sea este último quien me muestre mis pasiones, mi misión y mi propósito de vida. De hecho, te propongo que los practiques ahora, al menos 2 o 3 minutos cada uno de ellos, antes de pasar a desvelar tus pasiones:

- Respiro lentamente para **calmar mi mente**
  (inspiro-retengo-espiro-sostengo)

- Agacho la **cabeza por debajo de mi corazón**
  (de pie, me inclino hacia delante)

- Me tumbo a escuchar los **latidos de mi corazón**
  (manos apoyadas sobre el pecho)

3.4. MI PASIÓN: MIS DONES E INTERESES

Tal y como describimos en el capítulo sobre el IKIGAI, mis pasiones son aquello que me gusta (**me interesa**, me motiva) y que, además, se me da bien (dones y **habilidades**). Vamos, pues, a prestar primero atención a las habilidades.

Una habilidad es una capacidad que poseo para realizar algún tipo de tarea en particular. Habilidad proviene del latín "habilitas", que significa maña o **destreza** para llevar a cabo algunas **tareas** específicas.

Las habilidades tienen una clara correspondencia con las **inteligencias** múltiples que te presenté en el primer capítulo de esta isla, donde te invité a puntuarte en relación a sus 12 tipologías: lingüística, lógica-matemática, espacial, musical, cinética-corporal, intrapersonal, interpersonal, emocional, colaborativa, creativa, naturalista y existencial.

DONES ÚNICOS

Hagamos un viaje en el tiempo hasta cuando tenía entre **7 y 14 años**. Voy a describirte mis "dones únicos", esas habilidades que ya eran visibles entonces y que he ido desarrollando con el paso del **tiempo**. Se trata de aquello que hacía que el tiempo se me pasara **volando**, disfrutando del momento, como en estado de fluidez. Es decir, lo que me gustaba hacer y me interesaba: **mis primeras pasiones**. Conforme avances leyendo mi lista, permítete ir recordando y anotando los momentos de tu infancia y adolescencia que te vayan surgiendo para poder crear después tu propio listado.

Estos son mis 10 dones de "aquellos maravillosos años":

1. **ANIMALES**: sacaba a pasear a "mi" **perro** y me encantaba correr y saltar con él. Disfrutaba rascándole la **barriga** mientras él se entregaba, tumbado boca arriba y con la lengua fuera y descolgada por un lateral. También me gustaba acariciar **gatas**, aunque solía salir mal parado, con **arañazos** en manos y brazos.

2. **RECICLADO**: paseaba por las **calles** de Baeza recogiendo **cartones** para almacenarlos y, una vez al mes, llevarlos en el coche con mi padre a una empresa de reciclado de Úbeda. Allí me pagaban algo de dinero que yo entregaba a papá para pagar la **gasolina**. ¡Aún no había contenedores de reciclaje en las calles!

3. **PEQUES**: cada vez que había peques cerca se formaba un grupo en torno a mí con el que jugar, reír, correr e inventar historias. Sentía mucha alegría rodeado de niños y niñas. A la vista de aquello, el rol de "**niñero**" estaba asignado para mí y, de vez en cuando, oía a mi madre decir "se le dan muy bien los niños".

4. **MAYORES**: cuando un grupo de personas mayores que yo, adultas, comenzaban a hablar y contar **historias**, yo escuchaba y observaba, callado. Tenía la sensación de **crecer**, de hacerme más grande y capaz de entender la vida... salvo cuando empezaban a agredirse con las palabras: entonces me sentía mal y me alejaba.

5. **ORDEN**: de uno en uno, vaciaba en el suelo todos los cajones de los **muebles** del salón de la casa donde vivíamos. Después comenzaba a meterlo todo de nuevo en su mismo **cajón**, eso sí, esta vez "en orden". Objetivo: que todos los objetos fueran visibles al abrir el cajón. Mi madre siempre me felicitaba por el resultado.

6. **COMUNIDAD**: en el suelo de una habitación había creado un pueblo en miniatura, con casitas de papel y cartón. Había disfrutado mucho en su **construcción**. Luego empecé a ocuparme de "organizar" la vida de la comunidad y me imaginaba las tareas que realizaban en cada lugar. Sentía **armonía** y paz.

7. **EDUCACIÓN**: cuando mis "**compis**" del "cole" me preguntaban algo que no entendían yo me sentía superútil y me encantaba explicar los **deberes** o parte de la lección para un examen. Mi padre a veces decía "es que eres muy listo" y mi ego se hinchaba. Mi verdadero disfrute era simplemente ser útil al **enseñar**.

8. **IDIOMAS**: el primer curso en que aprendería **inglés**, 6.º de EGB, recuerdo abrir el libro de texto con emoción y hojearlo con una sonrisa, sin entender nada. Pedía a mi hermana Nany que me pusiera canciones en inglés para intentar entenderlas. Me encantaba el reto de **descifrar** poco a poco los **sonidos**.

9. **DERECHOS**: cuando escuchaba frases peyorativas sobre **mujeres** y niñas me "activaba", igual que al oír a alguien hablar sobre las guerras, el hambre en el mundo, el **racismo**... Me entraban ganas de opinar, hacer algo... Tenía la sensación de que todos esos problemas eran fáciles de solucionar hablando.

10. **TECNOLOGÍA**: con cada aparato nuevo que llegaba a casa yo me leía las **instrucciones**. Me encantaba aprender el funcionamiento de las cosas, descubrir patrones, similitudes y estrategias nuevas. Tenía el deseo de encontrar maneras de resolver las tareas de forma fácil, rápida, sin esfuerzo...

Ahora tú: ¿Has recordado momentos especiales de tu infancia y adolescencia?

Seguro que sí. Así que te propongo que hagas tu propia lista de 10 "habilidades únicas". Te invito también a hablar con personas que te conocieron en aquella etapa, entre los **7 y 14 años**, para preguntarles directamente:

¿Qué cosas **se me daban bien** y me apasionaban?

Cuando tengas tu lista preparada pasaremos a descubrir tus pasiones actuales, que estarán muy conectadas con las de esos primeros años de tu vida.

MIS 10 PASIONES ACTUALES:

Vuelvo al presente, a por mis pasiones actuales: aquello que me encanta tanto que me siento emocionado solo de pensar en ello. Para identificarlas me ayuda este **experimento** mental, y te invito a hacerlo ahora. Me imagino lo siguiente:

Tengo mucho **dinero**,
suficiente para **vivir** el resto de mi vida.
Todas mis necesidades básicas están cubiertas.
Tengo una **familia** maravillosa y
vivo en una **casa** fantástica.

Ahora respiro profundamente, varias veces, sintiendo en mi cuerpo el bienestar y la calma que emana de saber que no tengo que **preocuparme de nada**. Todo está resuelto, así que puedo dedicarme a hacer aquello que me apasiona y me conecta con mi felicidad, lo que me gusta y disfruto. Entonces me pregunto en voz alta:

¿Qué quiero hacer al levantarme?

De todo lo que se te ocurra, te propongo hacer una **lista** de otros 10 elementos con aquello que te entusiasma.

182

Importante: inicia cada frase con el pronombre "Yo" seguido de un verbo relacionado con hacer, ser o tener. Sin duda, lo que se te haya ocurrido son tus pasiones, pues no están influenciadas por la necesidad de obtener dinero o cubrir necesidades básicas. Las siguientes preguntas pueden ayudarte a completar tu lista:

¿Qué es lo que más **me gusta** hacer?
¿Qué **me emociona** y me carga las pilas?
¿Qué talentos **me reconocen** los demás?
¿En qué tipo de **ambiente** me gusta moverme?
¿Cuales son mis habilidades y **talentos únicos**?
¿Con qué tipo de **personas** me gusta relacionarme?
¿En qué **destaco** o qué hago mejor que otras personas?

Esta es mi lista de 10 pasiones, antes de priorizar:

En mi vida ideal, llena de pasión,...
... YO leo, aprendo, **crezco**...
... YO acaricio **gatas**, perros...
... YO juego con **peques**, bebés...
... YO **hablo** en público, escribo...
... YO monto en **bici**, corro, salto...
... YO estoy en la **naturaleza**, sol, huerto...
... YO tengo complicidad y sexo en **pareja**...
... YO vivo en una **eco-aldea** con mi **tribu**...
... YO **escucho** y aconsejo a otras personas...
... YO mantengo buena relación con la **familia**...

TEST DE LA PASIÓN

Para terminar con las pasiones te invito a realizar conmigo el test de la pasión, un proceso para escoger mis **cinco pasiones prioritarias** y tenerlas presentes en mi vida cotidiana, para que, en cada **decisión** que tome, lo haga basándome en mis pasiones.

Este test, ideado por Janet Attwood, facilita **priorizar** las 10 pasiones de la lista anterior. Empiezo por las dos primeras pasiones y las comparo:

Entre estas dos pasiones, **¿cuál me gusta más**?

La que más me gusta queda por encima. Si me resulta difícil decidirme, entonces me planteo una pregunta adicional: Si sólo pudiera vivir una de ellas, **¿cuál elegiría**? La que elija es la que queda por encima. Y entonces continúo comparando la segunda con la tercera pasión, y así **sucesivamente**... hasta el final de la lista.

Te invito a organizar tu lista de 10 pasiones para que, una vez priorizada, te quedes con las cinco primeras. En mi caso, estas son actualmente mis cinco pasiones prioritarias. Varias veces he tenido que recurrir a la segunda pregunta, especialmente para elegir qué es más importante para mí, la pareja o la tribu:

> En mi vida ideal, llena de pasión,...
> ... YO vivo en una eco-aldea con mi tribu...
> ... YO tengo complicidad y sexo en pareja.
> ... YO hablo en público, escribo...
> ... YO juego con peques, bebés...
> ... YO leo, aprendo, crezco...

Ahora llega el momento de **valorar** hasta qué punto estoy viviendo mis pasiones, y ponerme una nota de 0 a 10 en cada una de ellas, con total **honestidad**. Para hacer esta valoración puedo definir, para cada pasión, dos **objetivos** en los que fijarme para identificar el nivel de logro que tengo en esa pasión. En mi caso, aquí están posibles objetivos, mi valoración y la nota que me pondría en este momento:

En mi vida ideal, llena de pasión,...

... YO vivo en una eco-aldea con mi tribu...   7
    Tenemos una reunión semanal: SÍ
    Vivo en una cabaña de madera: NO
... YO tengo complicidad y sexo en pareja   5
    Comparto momentos diarios: NO
    Aumento la complicidad cada día: NO
... YO hablo en público, escribo...   8
    Imparto talleres cada semana: SÍ
    Hablo ante muchas personas: SÍ
... YO juego con peques, bebés...   6
    Creo vínculos estables: SÍ
    Comparto juegos todos los días: NO
... YO leo, aprendo, crezco...   9
    Aprendo algo nuevo cada día: SÍ
    Comparto lo que aprendo: SÍ

Y ahora analizo en cuáles he puesto las notas más alta y más baja. Al área de "**aprendizaje** y crecimiento" le he puesto la nota más alta, pues cada día escucho o leo algún libro, curso o conferencia. En la "**pareja**" pongo la peor nota, aunque "apruebo" porque he realizado cambios en mí y me siento preparado para ello.

El objetivo de hacer este análisis es únicamente tomar consciencia para ver en qué áreas me conviene poner cierta **atención** a la hora de tomar decisiones y así **avanzar** en todas ellas y vivir de forma **equilibrada**.

Por ejemplo, unos días después de priorizar mis cinco pasiones recibí una llamada para ver si, junto a mi amiga Marian, queríamos empezar el acogimiento de **menores** de 7 años en situación de urgencia. En otro momento habríamos dudado, esta vez dijimos que sí, pues sabemos que es prioritario para ella y para mí.

Igualmente, hace unos días volvió a contactarme una persona con quien ya había hablado hace más de un año a través de una aplicación móvil de citas: a pesar de que entonces me llamó mucho la atención, no habíamos llegado a quedar; esta vez, en cambio, sí prioricé el tema "**pareja**" y el encuentro fue mágico.

TARJETA DE LA PASIÓN:

Te propongo hacer una **tarjeta** con tus cinco pasiones para que la pongas en algún lugar **visible**, indicando la fecha en la que las escribes, pues cada semana o cada mes puedes **revisar** tu tarjeta y ver si el orden ha cambiado o si, tal vez, hay una nueva pasión que quiere entrar en tu vida. En mi tarjeta añado además una **frase final** que indica mi intención de permanecer abierto a otras realidades y situaciones incluso más apasionantes que puedan ir apareciendo en la vida:

> En mi vida ideal, llena de pasión,... 11/01/2020
> ... YO vivo en una eco-aldea con mi tribu...
> ... YO tengo complicidad y sexo en pareja
> ... YO hablo en público, escribo...
> ... YO juego con peques, bebés...
> ... YO leo, aprendo, crezco...
> ¡Todo lo anterior... **o incluso mejor**!

Ahora debo leer la tarjeta una vez al día, y para ello es buena idea tenerla a mano: colocarla en el **espejo** del baño o junto a mi cama. Además, cuando me enfrente a una elección, una decisión o una oportunidad, debo elegir en virtud de mis pasiones, si es que de verdad **he decidido vivir** una vida apasionante. Si tú también has seguido las instrucciones ahora deberías tener tu propia tarjeta con tus cinco pasiones.

3.5. MI MISIÓN
EL MUNDO QUE DESEAMOS

La misión es la zona más importante de la isla del fuego: es el lugar donde, al conectar con mis **valores** más auténticos, puedo sentirme profundamente útil a la vez que hago lo que amo y me interesa... y si a la misión le añado mis dones, aquello que se me da muy bien, entonces conectaré con mi **propósito de vida**. En esta parada, por tanto, el objetivo es conectar y encontrar los nexos de unión entre mis pasiones y mi misión de vida, para así descubrir mi **IKIGAI**.

¿Y la **economía**? No me olvido de ella. Simplemente asumo que si pongo mi intención en vivir mi IKIGAI, al conectar mis pasiones y mis valores, no necesitaré preocuparme por encontrar dinero. La vida me **recompensa** a lo grande cuando mis pasiones contribuyen al mundo, cuando vivo mi propia **misión de vida apasionante**.

Puesto que mi misión de vida consiste en integrar mis valores para contribuir al mundo, para descubrirla me servirá pensar en cómo es el mundo que **deseo**, ese mundo paradisíaco e ideal al que llamamos **utopía**. Tal vez me parezca irrealizable o inalcanzable, sin embargo, es tan deseable que me siento obligado a caminar hacia él y, así, avanzo.

> "La utopía está en el horizonte.
> Camino dos pasos, ella se aleja dos pasos
> y el horizonte se corre diez pasos más allá.
> ¿Entonces **para qué sirve** la utopía?
> Para eso, sirve **para caminar**."
> Eduardo Galeano.

Para saber qué me gustaría cambiar en el mundo puedo ver las **noticias**: seguro que algún drama o catástrofe me señala algo en lo que yo podría contribuir. Sin embargo, te ofrezco otros tres **enfoques** más **positivos** que pueden acercarte a tu misión.

2030: EL MUNDO QUE DESEAMOS

Los 193 países que participan en la ONU aprobaron en 2015 una agenda de cambio para el mundo hasta 2030. La agenda incluye 17 Objetivos de Desarrollo Sostenible (**ODS**) elaborados a partir de la encuesta "Mi Mundo" en la que participaron 7,7 millones de personas.

Los 17 ODS se resumen en resolver tres asuntos básicos: pobreza extrema, desigualdad y cambio climático. Inciden por tanto en el hambre, la sed, el analfabetismo, la ignorancia, el machismo, la discriminación, los asesinatos, la violencia, las guerras, los accidentes, la contaminación, la extinción de especies, los incendios, la brecha digital, las enfermedades... A continuación te presento la **lista completa**, tal y como yo la reinterpreto en positivo. Te propongo leerla para **sentir** si algún objetivo **te toca el corazón**:

> 1. Necesidades básicas cubiertas...
> 2. Comida y agua suficiente...
> 3. Vida saludable...
> 4. Educación de calidad...
> 5. Igualdad de Género...
> 6. Agua potable y saneamiento...
> 7. Energía sostenible...
> 8. Prosperidad económica...
> 9. Innovación e infraestructuras...
> 10. Equidad en acceso a derechos...
> 11. Ciudades y comunidades sostenibles.

12. Consumo responsable...
13. Combatir el cambio climático...
14. Conservar los océanos...
15. Proteger los ecosistemas terrestres...
16. Paz y justicia...
17. Alianzas globales...

Cuando leo la lista anterior con la mano puesta sobre mi pecho noto como **mi corazón late** con fuerza al pronunciar la palabra **"paz"**. También lo noto diferente al leer **"igualdad"**, "consumo" y "ecosistemas". En tu caso, te invito a hacerte la misma pregunta y ver si comienza a dibujarse tu misión: ¿Qué **objetivos** del milenio **conectan conmigo**?

BUTÁN: PARAÍSO DE LA FELICIDAD

Bután, este paraíso en el **Himalaya**, es el país que impulsó la creación del día internacional de la Felicidad, aprobado por la ONU en 2012. Bután reconoce desde principios de los setenta el valor de la felicidad por encima de los ingresos monetarios o producto interior bruto del país. Gracias al ejemplo de este pequeño país, que cada año calcula su **índice** de la Felicidad Nacional Bruta, la ONU comenzó a realizar un informe mundial sobre la felicidad en los diferentes países del mundo.

Para elaborar este informe se utilizan los datos de una **encuesta** en la que se pide a quienes participan que puntúen su vida del cero al diez, siendo cero la peor vida posible y el 10 la mejor vida posible. En la encuesta se plantean preguntas relacionadas con, entre otros, los siguientes elementos: **bienestar** psicológico, uso del tiempo, nivel de vida, vitalidad de la comunidad, diversidad medioambiental, **cultura**...

Además, para obtener el resultado, se tienen en cuenta otros seis factores en comparación con los datos de un país imaginario llamado **Distopía**, donde vivirían las personas menos felices del planeta: **esperanza** de vida, **generosidad**, **apoyo** social, PIB, corrupción y libertad.

¿Alguno de estos elementos te inspira para formar parte de tu misión? A mí me resuena la palabra "**libertad**".

EL DESPERTAR DE LA ESPECIE:

Mi última propuesta para facilitarte la conexión con tu misión es revisar las **16 características** que Neale Donald Walsch, autor del libro "El despertar de las especies", invita a cada ser humano a integrar y practicar en su vida cotidiana para que la **humanidad** pueda considerarse una especie **evolucionada**:

1. UNIDAD
Yo soy uno con todo. Todos y todas somos lo mismo.

2. VERDAD
Yo digo la verdad de todo a todo el mundo, con amor.

3. COHERENCIA
Yo alineo lo que digo y lo que hago: integridad del ser.

4. LO QUE FUNCIONA
Yo hago lo que funciona, sin autosabotajes.

5. JUSTICIA
Yo asumo la justicia de la vida: causas y consecuencias.

6. ABUNDANCIA
Yo soy abundancia, la vida también. Escasez = ilusión.

7. COLECTIVIDAD
Yo disfruto de todo sin necesidad de poseer nada.

8. COMPARTIR
Yo comparto todo sin esperar nada, pues disfruto todo.

9. EQUILIBRIO
Yo acepto la tecnología y soy la naturaleza.

10. RESPETO A LA VIDA
Yo acepto la vida, el nacer y el morir, desde la paz.

11. MEDIO AMBIENTE
Yo respeto el planeta, el hogar común.

12. ALIMENTACIÓN
Yo respeto mi templo: alimento cuerpo y mente.

13. COOPERACIÓN
Yo escucho mi corazón, sin competir ni querer la razón.

14. PLENITUD
Yo tengo todo lo que necesito en mí, ahí está mi poder.

15. AMOR
Yo amo y me abro a recibir amor.

16. MEDITACIÓN
Yo medito y uso el poder transformador de la mente.

Espero que alguna de las características anteriores te haya inspirado para descubrir tu misión. En mí, al releer una tras otra esas 16 palabras, resuena de forma especial la palabra **"verdad"**.

¿Qué palabra resuena en mí?

Incluso si las anteriores propuestas para la evolución de nuestra especie no te han ayudado a conectarte con tu misión, seguro que puedes apreciar el **salto cualitativo** que implica seguir esos principios: ¿Puedes imaginarte cómo cambiaría el mundo si todas las **demás personas** funcionaran así?

De todas maneras, yo no soy responsable más que de mi conducta, así que prefiero hacer la pregunta al revés, poniendo el foco en mí:

¿Puedo imaginarme **cómo cambiaría el mundo si yo empiezo AHORA** a funcionar así, como un ser humano evolucionado?

SER EL CAMBIO QUE QUIERO EN EL MUNDO

Durante muchos años yo quería que el mundo fuera **diferente** y solía sentir bastante **rabia** en mí, especialmente cuando veía noticias de asesinatos, incendios, guerras, hambrunas...

Con el tiempo descubrí que mis **acciones** cotidianas contribuían en cierta medida a apoyar ese tipo de hechos que yo **rechazaba**, así que empecé a modificar aquello que podía influir en la realidad: mis hábitos de **consumo**, mis comentarios e, incluso, mis pensamientos. Además, ya en la adolescencia, decidí apoyar **asociaciones** que tuvieran como prioridades cambiar esas realidades: Greenpeace, Manos Unidas...

Aun así, haciendo aparentemente todo lo que yo podía, seguía sintiendo rabia en mi interior cuando volvía a escuchar esas noticias. Hasta que un día entendí que me tocaba **aceptar la realidad tal y como era**.

Lo que está ocurriendo hoy no lo puedo cambiar y lo que ocurrió en el pasado tampoco puedo modificarlo... en cambio, sí que puedo **hoy** actuar de una manera más **coherente** para caminar hacia un futuro en el que la realidad sea mejor, desde mi visión. El primer paso a dar: empezar yo a **ser hoy tal y como quiero que el mundo sea mañana**.

La diferencia está en que al **aceptar** la realidad **hoy**, tal y como es, con toda su crudeza y su bondad, ya no siento rabia en mi interior, sino **paz**. Por tanto, no quiero que el mundo cambie hoy, ya que es imposible. **Hoy soy yo quien cambio**, y deseo que el mundo cambie mañana como consecuencia inevitable de mi transformación... y de la de todas las personas que se animen a asumir su responsabilidad en el **cambio** que necesita el mundo: **de dentro a fuera**.

Así que, a la hora de plantearme mi misión de vida, lo hago desde la aceptación de la realidad y la **alegría** de saber que **puedo** contribuir hoy, esté donde esté, al cambio en el mundo.

En mi caso, tras todos los ejercicios que te he mostrado en este capítulo, veo con más claridad que nunca antes cómo se define mi misión de vida. Al prestar atención a las palabras que resonaban en mí a lo largo de este capítulo, **mi misión** se clarifica ante mí:

... **sentir** la **paz** en mí y transmitirla al mundo, en cada acto, palabra y pensamiento que tenga.

... **mostrar** mi **verdad** y expresarla desde la total **libertad**, compartiendo el valor de la autenticidad.

... **honrar** mi **hogar**, este planeta, cuidando mente, cuerpo, emociones, lo que consumo y lo que produzco.

En tu caso, te propongo que repases ahora todas las palabras clave de este capítulo, y te hagas estas dos preguntas:

¿Qué **palabras resuenan** en mí?

¿Qué me gustaría **ver en el mundo** mañana?

ENSEÑAR PARA TRANSFORMARME

Tal vez hayas leído esta enseñanza de Yogui Bhajan:

> *Si quieres conocer algo, léelo.*
> *Si quieres aprender algo, practícalo.*
> *Si quieres dominar algo, enséñalo.*

Tengo la completa seguridad de que **escribir** este libro para **explicarte** todas estas cuestiones me está transformando: me está ayudando a tener mucha más claridad e **integrar** aún más en mí todos los aprendizajes que en este libro comparto.

Del mismo modo, para facilitarte reconocer e integrar en mayor medida tus pasiones y tu misión de vida, te invito a acompañar a **otra persona** a descubrir las suyas. Piensa en alguien de tu entorno con quien tengas una relación de confianza, alguien con quien te gusta hablar, y ofrécele **enseñarle** varias estrategias para descubrir qué ingredientes transformarían su vida en una "**misión apasionante**".

Y si trabajas en educación, puedes plantearte como reto facilitar que tu **alumnado** descubra su IKIGAI, mostrando tu propio proceso de **autoconocimiento** como ejemplo. Recuerda: Cada persona tiene algo que ofrecer al mundo. Todo el mundo. Tú también.

194

3.6. PROPÓSITO Y VISIÓN: SOÑAR CON LAS ESTRELLAS

Gracias al viaje que estamos realizando por esta isla del fuego, ahora soy consciente de mi IKIGAI y veo cómo mis pasiones, aquellas que escribí en mi "**tarjeta de la pasión**", encajan con mi **misión**, siempre que las realizo desde la intención de sentir y transmitir paz, verdad, libertad y conexión con mi cuerpo y el planeta, ya sea cuando hablo en público o escribo un libro, cuando convivo en pareja o con la tribu en la eco-aldea, cuando juego con "peques" o cuando leo, aprendo y crezco.

Para dejar constancia del descubrimiento y cerrar el círculo, te propongo añadir las palabras que definen tu misión a la tarjeta de tus cinco pasiones. Al hacerlo estarás creando tu **tarjeta IKIGAI**.

MI IKIGAI (mi propósito)	12/01/2020

MI IKIGAI (mi propósito)   12/01/2020

En mi vida ideal...

<u>YO vivo mi MISIÓN</u>

... YO soy paz, verdad, libertad y conexión.

<u>YO vivo con PASIÓN</u>

... YO vivo en una eco-aldea con mi tribu...

... YO tengo complicidad y sexo en pareja.

... YO hablo en público, escribo...

... YO juego con peques, bebés...

... YO leo, aprendo, crezco...

Todo lo anterior...   ¡o incluso algo mejor!

Ahora que tengo definido mi IKIGAI pondré la intención en **imaginarme mi vida ideal** y los pasos que me corresponde dar para vivirla desde hoy.

FELICIDAD Y VISIÓN DE VIDA

La visión de vida, o **imagen mental** de aquello que quiero realizar y vivir, me ayuda a caminar hacia la utopía y se convierte en una base que mi mente puede utilizar para poner en marcha las **transformaciones** necesarias, interiores y exteriores. Mi visión de vida es, por tanto, la concreción de mi propósito vital.

De todas maneras, si ya he aprendido a sentir la felicidad en el momento, acepto la realidad tal y como es ahora y vivo en sintonía con mi propósito de vida, **¿para qué** quiero entonces tener una "**visión de vida**"?

Vishen Lakhiani, cofundador de Mindvalley y autor del libro "El código de las mentes extraordinarias", afirma que cada persona se encuentra en uno de los siguientes 4 **estados** en función de su nivel de felicidad y visión:

1- Espiral de **Negatividad**: baja felicidad + baja visión
   No me siento feliz ahora y tampoco tengo un rumbo

2- Trampa "**Conformista**": alta felicidad + baja visión
   Me siento feliz ahora, aunque no tengo un rumbo

3- Estrés y **Ansiedad**: baja felicidad + alta visión
   Tengo un rumbo pero me siento infeliz.

4- **Fluidez** mental: alta felicidad + alta visión
   Me siento feliz ahora y tengo un rumbo

¿En qué estado me encuentro yo habitualmente?

En el estado en el que más he sufrido los últimos años era el de "estrés y ansiedad": no me permitía sentir la felicidad en el presente pues creía que sería **feliz al alcanzar mis metas**: cuando mi hijo se portara bien, cuando el alumnado trajera los deberes, cuando la casa estuviera ordenada... La **paradoja** es que la vida funciona precisamente al revés: si me permito sentir la felicidad ahora, esa felicidad servirá de combustible para llevarme a construir la vida que deseo, ya que me hará reconocer oportunidades y tener más **optimismo**.

De manera inversa, cuando me encuentro en el estado de **fluidez** mental, tengo un mayor **impacto** en el mundo y la realidad se transforma de maneras sorprendentes, con la sensación de que el mundo **conspira** a mi favor. Para alcanzar ese estado no basta con "currarme" mi feli-disciplina, tal y como vimos en la isla anterior. Tengo también que traer a mi consciencia la **visión** de vida que me corresponde tener ahora como **guía**, y esta visión estará conectada con mi IKIGAI.

Para traer a mi mente mi visión de vida, primero me conviene practicar alguno de los tres ejercicios que me ayudan a conectar con mi corazón y que te propuse antes de entrar en el capítulo sobre mis pasiones. Aquí te los recuerdo y te invito a elegir uno o varios:

- Respiro lentamente para **calmar mi mente**
  (inspiro-retengo-espiro-sostengo)

- Agacho la **cabeza por debajo de mi corazón**
  (de pie, me inclino hacia delante)

- Me tumbo a escuchar los **latidos de mi corazón**
  (manos apoyadas sobre el pecho)

PANEL DE LA VISIÓN

Este ejercicio dura 15 minutos. La propuesta consiste en hacer tres columnas verticales en un folio y poner en la parte alta de cada columna las siguientes tres palabras: **"Experiencias"**, **"Crecimiento"** y **"Contribución"**.

En cada columna voy a responder a una pregunta diferente con un tiempo límite: **menos de 5 minutos**, para evitar que mi mente racional interfiera y me haga dudar sobre qué debo o no incluir. Además, para focalizar mi atención en cada pregunta, te invito previamente a repasar las 13 áreas vitales inspiradas en Lifebook que utilicé en la primera isla:

Cuerpo: físico-mental-emocional-energético-espiritual

Relaciones: familia-tribu-pareja-crianzas-comunidad.

Espacio: hogar, trabajo, viajes, naturaleza...

Tiempo: ocio, familia, descanso, autorrealización...

Materia-Energía: consumo, recursos, dinero...

Aquí va la primera pregunta. Respira profundamente varias veces y recuerda escribir en su columna todo lo que se te ocurra en menos de 5 minutos. Te invito a soñar y escribir la utopía que deseas para tu vida, focalizando en objetivos finales, sin preocuparte de los medios para lograrlos. Por ejemplo, no incluyas "tener dinero" en esta columna, pues el dinero no debería ser un objetivo en sí mismo, sino tan solo un instrumento que puede facilitarte conseguir tus verdaderos objetivos:

¿Qué **experiencias** deseo vivir en la vida?

198

Una vez hayas respondido a la primera pregunta, pasamos a la segunda: aquello que debería aprender y transformar en mí para ser coherente con las experiencias que deseo vivir. En 5 minutos, responde con aquello que venga a tu mente:

¿En qué debo **crecer** para facilitar esas experiencias?

Tras rellenar la segunda columna, pasamos a la última. Para respetar la "ley de la circulación", te toca contribuir en agradecimiento por todo lo que quieres recibir y experimentar. También durante un máximo de cinco minutos, escribe todas aquellas maneras en las que te imagines contribuyendo al mundo, aquello que puedes lograr en conexión con tu misión de vida:

¿En qué puedo **contribuir** al mundo?

Ahora que has rellenado las 3 columnas, ya has creado tu **panel de la visión**, una especie de mapa que señala por donde quieres navegar en la vida. Es el momento de echar un vistazo general al nuevo panel: ¿te gusta? Seguro que sí, pues es lo que deseas vivir. Te animo a compartirlo con **personas** de tu entorno: familia, amistades... También puedes proponerles que hagan el suyo, pues puede ser que encontréis elementos **comunes** que os hagan emprender aventuras en pareja o en grupo, o tal vez tú puedas facilitar algún sueño de la otra persona, o ella pueda ayudarte a ti en alguno de tus **proyectos** o deseos.

A continuación, comparto mi panel de la visión tal y como ha surgido al escribir esta parte del libro. Aquí puedes ver las experiencias, crecimiento y contribución que deseo:

EXPERIENCIAS:

- Cuerpo físico: sano, flexible, fuerte, relajado, abierto.
- Cuerpo emocional: alegría habitual y equilibrio.
- Cuerpo mental: calma y claridad.
- Cuerpo energético: plenitud y consciencia energética.
- Cuerpo espiritual: intuición y claridad de visión.
- Familia de origen: feliz, empática, consciente...
  Disfrutamos de los encuentros periódicos.
- Tribu: sana, activa, alegre, intuitiva, consciente...
  Compartimos rituales y apoyo mutuo.
- Pareja: amigo, compañero de vida y sexual.
  Convivimos y tenemos proyectos de vida en común.
- Crianzas: juegan, cantan y bailan con alegría.
  Convivo con niños y niñas en la tribu.
- Comunidad: contribuyo para aportar paz.
  Hablo en público, publico libros y coordino Arco Iris.
- Espacio: vivo en un lugar con vistas al mar.
  Disfruto de sol, huerto, alberca y viajes.
- Tiempo: vivir en equilibrio diario de tareas, lugares...
  Equilibrio entre campo-ciudad, relax-acción...
- Materia-energía: cabaña de madera, coche solar,
  huerto con goteo...

CRECIMIENTO:

- Deseo aprender a hacer malabares, leer sin vocalizar, tener sueños lúcidos, transmutar heridas y memorias de la infancia, acelerar la recuperación y la sanación de tejidos y órganos, desbloquear los centros de energía de mi cuerpo...
- Deseo integrar en lo cotidiano el disfrute de bailar, cantar, escuchar música, leer, expresarme por redes sociales, abrirme al encuentro de nuevas personas...
- Deseo desarrollar la fuerza con ejercicios "*Superslow*", la empatía, la autohipnosis, el tantra, la intuición,...

CONTRIBUCIÓN:

- Deseo transmitir a quienes me rodean las sensaciones de felicidad, verdad, libertad, unidad y paz que cultivo en mí, a través de:
... La ecoaldea, como centro de acogida y convivencia.
... Este libro y otros textos y materiales didácticos.
... Las charlas en institutos, colegios, comisarías...
... La colaboración con medios de comunicación.
... La coordinación del activismo lgbti+.
... La difusión en las redes sociales.
... El apoyo a proyectos ecológicos.

A continuación te invito a acompañarme al **futuro**, de manera similar a como viajamos al pasado en el capítulo de las pasiones. Esta vez vamos a una fiesta.

100 CUMPLEAÑOS

Acabo de cumplir 100 años y mi tribu, familia y amistades han preparado una fiesta muy especial para agradecerme todo lo que he aportado al mundo. En ella una de las personas que más me conoce va a leer un **discurso** sobre mí y va a relatar las cosas maravillosas que he vivido a lo largo de mi vida y cómo el **mundo** es un sitio **mejor gracias a que yo he vivido** en él:

¿Quién mejor que yo para escribir ese discurso?

Podría pensar que sé todo lo que he hecho en la vida, sin embargo, no puedo imaginarme todas las consecuencias de mis acciones. En ocasiones me sorprendo cuando descubro cómo he impactado, sin saberlo, en la vida de personas concretas con las que me cruzo.

Recuerdo un día en una emisora de **radio** de Málaga en 2015. Una **periodista**, colaboradora de UNICEF, estaba realizando un programa especial con motivo del día internacional contra la lgbti-fobia, el 17 de mayo. En el estudio, junto a mí, se sentaba Antonio, un estudiante de Derecho y activista de una ONG pro-derechos de lgbti+. La periodista nos preguntó por aquello que nos había llevado a "ser" **activistas** y yo conté alguna de mis experiencias de adolescencia y universidad. A continuación habló aquel estudiante:

"Hace cuatro años, cuando aún estaba en el **instituto** en Úbeda, yo ya sabía que era gay, pero no me atrevía a decírselo a nadie. Me sentía solo y tenía mucho miedo. Entonces un día el departamento de orientación del instituto organizó una **charla** para prevenir la homofobia. Aquel día **me cambió la vida**". En ese momento el estudiante hizo una pausa, **me miró** con una **sonrisa** y volvió a mirar a la periodista:

"Y precisamente la persona que impartió aquella charla está sentada a mi lado hoy aquí, junto a mí. Nunca antes había tenido la oportunidad de decírselo, y quiero aprovechar hoy para hacerlo: aquella charla que diste en mi instituto me ayudó, no sólo a sacar el **valor** para sincerarme con mi **familia**, sino a decidir que quería **estudiar** derecho. **Gracias**".

De nuevo me miró a los ojos. A mí se me saltaron las **lágrimas**, igual que me está ocurriendo ahora mismo al escribir estas líneas y recordar aquel instante.

El hecho indudable es que cada día impacto en las personas que me rodean, incluso en aquellas con las que me cruzo por la calle andando o conduciendo. ¿Alguna vez ibas sonriendo por la calle y una persona que aparentaba estar seria te ha devuelto la sonrisa?

Tengo el poder de transformar el mundo que me rodea, especialmente cuando hago lo que me apasiona y asumo mi misión de vida, pues entonces facilito **momentos maravillosos** en la vida de otras personas, que a su vez empiezan a encontrar su propio propósito vital, inspiradas por esos momentos de conexión con la **pasión de vivir**.

Igual ocurre cuando tú haces lo que te apasiona. Por eso te animo ahora a que recuerdes situaciones en las que sabes que contribuiste a que otras personas se sintieran felices, libres, amadas... y entonces te propongo que imagines tu **cumpleaños** número **100** y hagas una lista, con al menos cinco elementos, de lo que te gustaría que otras personas dijeran de ti en esa fiesta especial:

¿Qué me encantaría oír sobre mí al cumplir los 100?

Si tú decides vivir con pasión tu misión de vida, tenlo claro, van a decir muchas cosas **bellas** de ti, así que date permiso para escuchar esas historias y comentarios emocionantes ya, ahora, para **motivarte** aún más a realizar tu misión de vida, e incluye en tu lista aquello que te haría sentir que has vivido la vida con pasión, aportando lo mejor de ti al mundo.

En mi caso, hace un año fue la primera vez que me imaginé mi cumpleaños número 100. Fue un momento muy bello y me atreví a plantearme otra pregunta. Te invito también a ti a responderla ahora. Imagínate mirando a tu yo anciano a los ojos y pregúntale:

¿Qué **consejo** quieres darme para que lo viva ahora?

Permítete escuchar con atención, a ver qué surge en tu mente.

Recuerdo la respuesta que me vino a la cabeza:

"Ha llegado el momento de que escribas un **libro**". La siguiente vez que le pregunté a mi yo "viejito" fue una semana antes del 11 noviembre del año pasado, y su respuesta fue esta: "Deja de compararte con otras personas y de hacer lo que crees que esperan de ti. Ya puedes **dejar de trabajar** como profesor y dedicarte a hacer lo que más nos llena".

Para **plasmar** lo que hayas visto, oído o sentido en este cumpleaños centenario, te animo a coger un **folio** en blanco y dibujar aquello que pueda ayudarte a recordar la visión de vida que acabas de tener. Este **dibujo** también formará parte de tu "Panel de la visión", pues está llamado a recordarte a diario tu vida ideal, aquella en la que vives con plenitud, pasión y propósito. En él puedes incluir **palabras** y frases, o incluso hacerlo como una composición de recortes de dibujos, fotografías u hojas de los árboles... ¡la **creatividad** no tiene límites!

Una vez que hayas terminado el dibujo, colócalo en un lugar visible, para que te **inspire** a diario y te recuerde a tu yo de 100 años y la vida que ha vivido.

VISIÓN EN MOVIMIENTO

Antes de comenzar a escribir este libro pensaba que en algún momento tendría que **diseñar** una visión para mi vida, a nivel mental. Ahora, tras los aprendizajes de esta isla, creo que no me corresponde diseñar nada, sino tan sólo **confiar** en la propia vida y en mi corazón para permitir que venga a mi mente la visión que me conviene en cada **momento**, para mi mayor evolución y felicidad.

Empecé escribiendo en el **panel de la visión** las tres columnas correspondientes a las experiencias, el crecimiento y la contribución que me han venido a la mente tras conectarme con mi corazón. Después viajé al **futuro** para plasmar con imágenes y palabras mi vida ideal y aquellas enseñanzas que me ha transmitido mi yo de 100 años.

Ahora voy a dejar reposar esta información, sabiendo que mi visión de vida puede ir evolucionando en mí a medida que vaya creciendo.

Por ello, antes de entrar en la isla de la Tierra y la Libertad, te invito a escribir detrás de la **tarjeta** de tu IKIGAI estas cuatro **preguntas** con la intención de que, **una vez al mes**, respires profundamente varias veces, las pronuncies en **voz** alta y permitas que lleguen a ti las respuestas, ya sea en el momento o más adelante en el día. Disfruta de tu **visión**:

¿Cuál es la visión de vida que me conviene tener ahora?

¿Qué **dones** quieren emerger en mí para realizarla?

¿Qué aspectos me toca **soltar** ahora?

¿Cuál es el **siguiente paso** que debo dar ahora?

IDEAS FUERZA
ISLA DEL FUEGO: "Pasión"

PROPÓSITO:
Al despertar: ¿ganas de empezar el día, energía...?
Motivación externa: obligación, expectativas, ego...
Motivación interna: propósito vital, surge del corazón...
Toda persona brilla con sus pasiones: mirada, voz...
Valor de ser yo; si no, siento rabia, miedo, asco...
Mi propósito = mi pasión + mi misión.

INTELIGENCIA EXISTENCIAL:
12 inteligencias múltiples: potencialidad a desarrollar.
Lingüística, lógica-matemática, espacial, intrapersonal,
interpersonal, emocional, musical, cinética-corporal,
colaborativa, creativa, naturalista, existencial...
Inteligencia existencial = espiritual / trascendental.
Espiritualidad: aspiraciones, ideales y visión de vida.
Religiones: estructuras para encauzar la espiritualidad.
Educar: cada persona única, especial, responsable, con
dones, pasiones y misión, libre, con amor incondicional.

IKIGAI:
Ogimi, Okinawa, Japón: personas centenarias, 5 claves:
Relaciones, ejercicio, alimentación, mente + e Ikigai.
Ikigai: "la razón por la que me levanto por la mañana".
Profesión: se me da bien y me pagan por ello.
Pasión: amo lo que hago y se me da bien.
Misión: amo lo que hago y contribuyo así al mundo.
Vocación: contribuyo al mundo y me pagan por ello.
Ikigai: dones, placer, contribución y recompensa.
Humano en sánscrito: "quien dispensa dones divinos".

ESTADO DE *FLOW*:
Fluir: el tiempo pasa volando, conexión con la vida.
Actividad que estimula pasiones, intereses y curiosidad.
Creatividad, productividad, concentración y atención.
Disfruto, logro, puedo, proceso, aquí y ahora.
Motivación interna. Fortalece hábitos.
Atender necesidad fisiológica: comer, sueño, ejercicio...

PROFESIÓN:
Trampa: hombre proveedor, serio y responsable.
Ingresos económicos, sin pasión ni misión.
Falso poder: dinero, estatus... origen: familia, cultura...
Desequilibrio emocional: dolores (biodescodificación).
Equilibrio: trabajo, ocio, descanso, ejercicio, familia...
Soltar carga: reducir jornada, dar las gracias, pasitos...
Pensamiento +: optimismo y detectar oportunidades.
Transición de "profesión" a "misión apasionante".
Corazonadas: corazón=capitán / mente=tripulación.
Práctica: cabeza debajo de corazón, escuchar latidos...

MI PASIÓN:
Intersección de mis intereses y mis habilidades.
7 y 14 años: mis pasiones señalan mis dones únicos.
Sin preocuparme de nada: ¿qué haría cada día?
5 pasiones prioritarias, con 2 o 3 objetivos-marcadores.
Tarjeta de la pasión: mi vida ideal llena de pasión.
Fecha + "Todo lo anterior... ¡o incluso mejor!"

MI MISIÓN:
Valores, utopía, el mundo que deseamos: ONU, 17 ODS.
Bután, Himalaya, índice de la Felicidad Nacional Bruta.
Humanidad evolucionada: unidad, verdad, coherencia...
¿Cómo cambiaría el mundo si yo empiezo a "ser" así?
Aceptar la realidad tal y como es.
Ser yo hoy tal y como quiero que el mundo sea mañana.
Responsable en el cambio del mundo: de dentro a fuera.
"Si quieres dominar algo, enséñalo".

Tarjeta IKIGAI: mi misión + mis cinco pasiones.
Estados: negatividad, trampa actual, ansiedad y fluidez.
No esperar a alcanzar las metas para sentirse feliz.
Paradoja: la felicidad ayuda a conseguir metas.
Fluidez mental: alta felicidad + alta visión.
Resultado: + impacto y transformación de la realidad.
Sensación: el mundo conspira a mi favor.
Panel de la visión: experiencias, crezco y contribuyo.
100 cumpleaños: discurso con lo que he vivido.
Confiar: ¿Qué visión de vida me conviene tener ahora?

INTEGRACIÓN
ISLA DEL FUEGO: "Pasión"

El elemento fuego representa la **energía**, aquello que me impulsa a **vivir**, y por eso en esta isla presentamos el **propósito** de vida como el gran **motivador** que me conviene conocer para vivir de forma plena.

Tal y como lo entienden en Okinawa, mi propósito de vida o **IKIGAI** es aquello que se me da bien, disfruto haciéndolo, contribuye al mundo y, además, me trae recompensas externas. También lo puedo definir como el punto de intersección entre mi **profesión**, mi **vocación**, mis **pasiones** y mi **misión** de vida.

En el momento en que confío en la vida y me abro a su abundancia, también puedo describir el IKIGAI como la **misión apasionante** que debería vivir para que la vida me recompense a lo grande, por estar poniendo mis dones al servicio del mundo a la vez que lo disfruto.

Cada persona puede tener un propósito o, incluso, varios que coexistan o se vayan sucediendo a lo largo de su vida. De cualquier modo, sea lo que sea lo que estoy haciendo ahora mismo, si no está alineado con mi propósito vital, difícilmente podrá contribuir a mi felicidad: sentiré en mí un **vacío existencial**, pues al no vivir en coherencia con mis valores más auténticos me sentiré alejado de mi **esencia**.

El objetivo de esta isla es conocer esa misión apasionante que puedo emprender en la vida para que, si es necesario, paso a paso, sin prisa y desde la paz interior, reemplace o transforme esa otra **profesión** que tal vez he elegido dejándome llevar por la presión social, familiar o cultural... y por mi ego.

Para reconocer mis **pasiones**, reviso las **habilidades únicas** que tenía en la infancia, entre los 7 y 14 años y luego me planteo qué haría hoy si no tuviera nada de lo que preocuparme. De ahí obtengo mi **tarjeta** de la pasión, con cinco elementos que deberían motivar mis **decisiones** cotidianas.

Para desvelar mi **misión** busco en el entorno aquellas circunstancias y valores que llaman la atención de mi **corazón**, revisando los objetivos de la ONU para el planeta o las características que deberíamos desarrollar los seres humanos para considerarnos una **especie evolucionada**. En definitiva, quiero encontrar aquello en que puedo y me gustaría **contribuir** al mundo. Al añadir mi misión a mis pasiones obtengo mi **tarjeta IKIGAI**.

Por último, una vez que ya tengo claridad sobre mis pasiones y mi misión, me permito pedir y recibir una **visión** de vida, conectándome con mi corazón, para que sea él quien dicte el rumbo. Entonces creo mi panel de la visión preguntando por las experiencias, crecimiento y contribución que quiero tener e imaginándome mi **cumpleaños** n.º **100** y el **discurso** que daría alguna de las personas para recordar todas las cosas hermosas que habré hecho en la vida.

A partir de esa visión de vida me permito iniciar el rumbo a la siguiente isla, la de la **Libertad**, donde plantear los siguientes **pasos** a dar para materializar esa **visión de vida**... o una **incluso mejor**.

RECURSOS ON-LINE
ISLA DEL FUEGO: "Pasión"

Puedes acceder a los siguientes recursos a través de la página web **www.felixjawara.com**

VÍDEO. Para sentir con fuerza la importancia de incorporar los aprendizajes de la isla de la pasión te animo a ver este corto impactante (YouTube):

"**Tu propósito**" (Campaña de Adecco)

MÚSICA POSITIVA. Antes de llegar a la isla de la Libertad, la próxima en este recorrido, vuelvo a invitarte a escuchar dos canciones para empoderarte en la creación de tu visión de vida desde la positividad:

Carlos Rivera – "**Amo mi locura**"
Diego Torres – "**Color esperanza**"

AUDIO. Reflexión para animarte a vivir tu propósito de vida superando tu miedo y confiando en ti:

"**La Valentía**" (Jeff Foster - lavozdepankara.com)

PELÍCULAS. Te animo a ver dos largometrajes de animación para peques y grandes sobre vivir con propósito y la superación de costumbres limitantes:

"**Zootrópolis**" (Ella quiere ser policía, Disney)
"**Coco**" (Él quiere ser músico, Disney/Pixar)

DESCANSO, INTEGRACIÓN, RECARGA...

Antes de entrar en la última isla, te recuerdo la importancia de tomarte 5 minutos de descanso. Al igual que te he propuesto al final de cada isla, puedes levantarte, mover los brazos, beber agua, respirar...

Aquí te propongo otro ejercicio para la conectividad entre ambos hemisferios cerebrales: Agárrate el lóbulo de cada oreja con la mano del lado opuesto, cruzando los brazos por delante del pecho. Ahora, masajea ambos lóbulos a la vez que, con la espalda recta y vertical, subes y bajas el tronco flexionando y estirando las rodillas.

4. <u>ISLA DE LA TIERRA:</u>
"Libertad"

Hacer, hacer, hacer... Al poner los pies sobre la tierra de esta cuarta isla me viene a la mente la imagen de un cortometraje de animación en el que un **pollito sin cabeza** corretea de un lado a otro, de manera alocada, sin rumbo ni dirección, golpeándose con todo lo que encuentra a su paso. Y me surge la pregunta: ¿Cuántas veces al cabo del día me veo actuando como un "pollo sin cabeza", realizando acciones sin sentido para después quejarme por las consecuencias de mis actos?

Recuerdo una época en la que, al llegar la noche, sentía **ansiedad** porque no me había dado **tiempo** a hacer todo lo que quería y me había propuesto. De vez en cuando bromeaba diciendo: "¡Me gustaría que los días tuvieran más **horas**!". Sin embargo, ahora sé que, aunque cada día hubiera tenido 48 horas, yo habría sentido lo mismo, por la falta de consciencia que tenía entonces.

Así que, para inaugurar la isla de la Libertad, te invito a responder a esta primera pregunta:

¿Suelo sentir que **me falta tiempo**?

Esta sensación suele estar asociada a la ansiedad y el **estrés** e indica la **falta de conexión** con el momento presente. Si estoy en lo que estoy, aquí y ahora, no debería sentir que me falta tiempo... Cuando empiezo a darle vueltas a la idea de que no me va a dar tiempo a realizar aquello que quería, lo que yo había planificado, entonces puede activarse en mí la creencia de que la vida no está ocurriendo tal y como debería y comienzo a sentirme mal. Siempre dispongo de otra opción mucho más sana: **soltar**, ser flexible y aceptar que los **planes**, igual que las **reglas**, se pueden saltar.

Muchas personas viven en el **desequilibrio**, dedicando más del 80% del tiempo diario a saltar de tarea en tarea para "apagar fuegos urgentes". Antes yo me comportaba así y no conseguía centrarme en lo que verdaderamente importa. A diferencia de aquella época de correr como un loco e, incluso, **dormir poco** para **hacer mucho**, ahora priorizo lo realmente importante, lo que está conectado con mi propósito y mis pasiones: el resultado suele ser mucho mejor y mi salud lo agradece. Así, evito ese patrón antiguo que me llevaba, la mayor parte del tiempo, a quedarme atascado en mi lista interminable de **tareas "urgentes"**, la mayoría de las cuales eran prescindibles y no importantes.

Ahora tú: te invito a pensar en las **horas del día** que pasas con los ojos abiertos y a revisar si lo que sueles hacer en ellas está envuelto en la **prisa** o en la **calma**, es decir, si te dedicas a lo urgente o a lo importante:

¿A qué **dedico el 80%** de las horas del día?

Además, ahora acepto los días tal y como son y asumo que el tiempo "no existe", en el sentido de que sólo vivo en el presente y, por tanto, un día no es más que la suma de cada momento vivido. Desde esta perspectiva, ya no tiene sentido hacer **balance** al final del día para ver si he hecho todo lo que quería. En su lugar, me sentará mejor dar las gracias por lo vivido en ese día y preguntarme si he estado presente en cada momento, ocupándome de vivir aquí y ahora, sin preocupaciones del **futuro** ni amargura por el **pasado**. ¿Y tú?

¿**Suelo estar presente** en cada momento?

Hace varios años, después de sufrir un grave **accidente** de tráfico, me apunté a un gimnasio del barrio para hacer **rehabilitación** muscular y acabé participando en las clases de yoga. En esas clases repletas de mujeres, la profesora nos invitaba a estar presentes diciéndonos: "Estamos en clase de **yoga**, así que permítete disfrutar del momento... en vez de estar dándole **vueltas en la cabeza** a la conversación que has tenido con tu marido, analizando cómo te va la relación con tu hija o repasando la **lista de la compra** del supermercado".

Cuando oía aquellas frases siempre acababa sonriendo porque, además de lo sexista que me parecía el contexto, sentía que me estaba leyendo el pensamiento: ¡siempre me pillaba! Efectivamente, cuando empecé a practicar yoga no paraba de "**darle vueltas al coco**" y, así, me impedía **sentir mi cuerpo** y escucharlo, disfrutar de todos mis sentidos físicos.

Te invito a responder a la siguiente pregunta sobre tu capacidad actual para **saborear la vida**, momento a momento, en cualquier situación y lugar:

¿Puedo permitirme disfrutar de lo que estoy haciendo?

Yo he decidido que quiero disfrutar de la vida y eso implica que debo disfrutar de cada momento. Por eso, cada vez que me descubro pensando, diciendo o haciendo algo de forma compulsiva, me río, respiro y me permito entender qué hay detrás de esa **conducta**.

Ahora ya no me permito **quejarme**, flagelarme y perder energía de esa manera improductiva... pues sé que yo participo en la creación de todo lo que ocurre en torno a mí.

En esta cuarta y última isla, de la tierra, te invito a transitar por las **necesidades** humanas y los niveles de **consciencia** para comprender porqué hago lo que hago de la manera en la que lo hago. Gracias a esa comprensión descubriré **bloqueos** y **heridas** que me conviene disolver y sanar con el objetivo de liberarme de esas cargas, despertar mi **intuición** y disfrutar plenamente de la vida.

Te deseo que disfrutes el paseo por la isla de la TIERRA y la Libertad:

4.1. Necesidades humanas.

4.2. Los niveles de **consciencia**.

4.3. Eliminar bloqueos y sanar heridas.

4.4. Inspiración y el despertar de la **intuición**.

4.5. Descubrir el poder del ahora: vivir el **presente**.

4.1. NECESIDADES HUMANAS

Durante años resistí a las presiones familiares y sociales en torno a la **necesidad de comprarme un piso**: "Viviendo de alquiler tiras el dinero", "Si te compras un piso tendrás algo **tuyo**", "Es una **inversión** rentable: siempre puedes alquilarlo o, incluso, venderlo". Sin embargo, la frase que siempre conseguía alejarme de la idea de comprar una vivienda era: "Puedes pedir una **hipoteca**".

Desde pequeño había estado rodeado de personas que afirmaban "no puedo hacer lo que querría porque tengo que pagar la hipoteca", así que mi mente se negaba a entrar por esa puerta y me excusaba: "He abierto una cuenta vivienda en el banco. Cuando tenga suficiente dinero para comprar un piso lo compraré".

Y es que en el fondo de mi mente también estaba una creencia muy extendida socialmente en España: "Cuando me compre un **piso** ya podré estar tranquilo y **sentirme seguro**". Es decir, igual que muchas otras personas, yo creía que necesitaba comprarme un piso para alcanzar la "seguridad", aunque, en mi caso, posponía la decisión para no tener conflicto con otra de mis creencias: "No quiero comprar nada que yo no pueda pagar **sin ayuda** de nadie".

Recuerdo el día en que mi madre me dijo: "Oye, he visto el saldo de tu cuenta vivienda y ya tienes dinero suficiente. ¿Te ayudo a buscar piso? Puedo empezar a mirar anuncios en internet y cuando encuentre algo interesante te lo comento para que tú decidas si quieres que vayamos a verlo."

Aquel día me di cuenta de que ya no necesitaba comprarme un piso para sentirme seguro. Llevaba 20 años viviendo en diferentes ciudades y pueblos del mundo, siempre de alquiler o en casas de amistades y familiares, y todo me había ido muy bien. Sin embargo, puesto que tenía el dinero, decidí **seguir el consejo** de mi madre: ¡Todo un cambio de estrategia! Y es que durante mucho tiempo había sentido la **necesidad de llevarle la contraria**. Lo cierto es que, hoy en día, agradezco a mi madre la ayuda que me prestó para encontrar el piso que compré: aquel piso creó los cimientos para liberarme de otra falsa necesidad.

Si me hubiera criado en una tribu del Amazonas, difícilmente habría pensado "**necesito trabajar para vivir**". Sin embargo, aquí esta creencia parece estar inyectada en nuestra médula y, además, en ocasiones, la llevamos al extremo, hasta el punto de no saber si vivimos para trabajar o **trabajamos para vivir**. El caso es que, tras renovar el piso y mudarme a él, decidí alquilar una de sus habitaciones. Con el dinero que recibía cada mes de aquel primer joven inquilino, empecé a creer en la utopía de "**vivir sin trabajar**". Hoy en día, el piso sigue alquilado, las personas que viven en él se muestran superagradecidas y yo, a la vez, me siento muy afortunado del dinero que recibo cada mes y por sentirme libre de vivir donde quiero: ahora vivo en el **campo**, cerca de la playa, en una **autocaravana** preciosa.

Gracias a estas y otras experiencias, por fin soy consciente de que la mayoría de necesidades que creía tener no respondían a lo que verdaderamente es necesario para vivir. Te invito a encontrar tus propias respuestas:

¿Qué necesito para vivir?

Por orden de urgencia, estas son las necesidades básicas que cada ser humano debe cubrir para vivir: respirar, beber, dormir y comer... Para vivir, la **respiración** es necesaria a diario, la **hidratación** puede esperar varios días, puedo aguantar algunos días más sin **dormir** y puedo llegar a pasar semanas enteras sin **comer** antes de fallecer.

Tal vez, en tu respuesta a la pregunta anterior, te hayas planteado otras necesidades no tan básicas, pues, al fin y al cabo, sabes que estas 4 acciones fundamentales para la vida humana ya las tienes aseguradas: ya tienes todo lo que necesitas para vivir: AIRE, AGUA, SUEÑO y COMIDA. Así que, quizás, se te hayan ocurrido otras **supuestas necesidades**: el dinero, el móvil, el coche, la vivienda, el trabajo, el súper, las vacaciones... son instrumentos que facilitan la cobertura de las auténticas necesidades, aunque en sí mismos no son necesidades.

PIRÁMIDE DE MASLOW

Cuando era adolescente un profesor de bachillerato nos explicó la **pirámide de Maslow**. Propuesta en 1943 por Abraham Maslow en su libro "Una teoría sobre la **motivación** humana", esta pirámide incluía una jerarquía de cinco niveles de necesidades: fisiología, seguridad (protección), afiliación (social), estima (reconocimiento) y autorrealización. Maslow explicaba que los seres humanos actuamos motivados por necesidades de diferentes **niveles**, comenzando a satisfacer las **necesidades** más elevadas de la pirámide una vez que hemos satisfecho las más **básicas**. Es decir, que cuando tenemos cubiertas las necesidades de un nivel, como la alimentación o la vivienda, entonces empezamos a desear cubrir las del siguiente nivel, como la amistad, el éxito...

Más adelante, en 1987, Maslow planteó que el orden de las necesidades no es tan rígido y que depende de la propia persona y sus circunstancias, señalando una clara diferencia entre los cuatro primeros niveles, cuyas "**necesidades** de déficit pueden ser **satisfechas**" y el quinto, el de autorrealización, pues "la necesidad de ser es una fuerza impelente continua", afirmaba Maslow.

Durante décadas Maslow siguió perfeccionando su modelo, ampliando hasta ocho los niveles de la pirámide e incluyendo, por encima de la **autorrealización**, la necesidad de trascendencia. De esta manera señalaba que la motivación de las conductas de una persona, en su expresión más **elevada**, puede encontrarse más allá de lo personal y *egoico*.

Por otra parte, Tony Robbins, escritor norteamericano, plantea una sencilla evolución de la teoría de Maslow con seis necesidades humanas (4 fundamentales y 2 superiores) que bastarían para comprender las acciones de cada individuo, encaminadas estas a satisfacer dichas necesidades.

4 necesidades **fundamentales** (de la personalidad):

SEGURIDAD: sensación de tener el **control**; evitar el dolor; permanencia en mi zona de confort.

VARIEDAD: sorpresas, retos y **novedades**; cuando algo es demasiado previsible, me aburre.

IMPORTANCIA: sentirme especial, **útil** o necesaria en algo o para alguien; tener metas.

AMOR/UNIÓN: pertenencia; sentirme parte de algo; compartir afinidades e intimidad.

Dos necesidades **superiores** (espirituales):

CRECIMIENTO: aprender, crecer, evolucionar... al igual que todo lo que hay en el planeta.

CONTRIBUCIÓN: dar, ayudar, servir; sentir que mi colaboración mejora la situación para alguien.

En la sociedad en la que he crecido, basada en el miedo, muchos de los **hombres** de mi entorno, igual que muchas mujeres, utilizaban la mayoría de su energía diaria para intentar satisfacer las necesidades de seguridad, importancia y unión con acciones destinadas a procurarles un **trabajo** fijo, una **vivienda** en propiedad y una **pareja** estable. Simplemente copiaban el modelo social imperante.

Una vez lograda esa **ilusión de control**, con la creencia de que el trabajo, la vivienda y la relación de pareja serían para siempre, la persona se aventuraba a satisfacer la necesidad de variedad en su **tiempo "libre"**, diversificando sus acciones el resto del día: actividades de ocio, una casita en el campo o en la playa y otras relaciones personales... incluyendo **amantes**.

Sin embargo, tras cubrir esas cuatro necesidades fundamentales, muchas personas seguían sintiendo un **vacío** profundo que intentaban llenar **acumulando** más de lo mismo: más casas, más trabajos, más títulos, más relaciones... sin darse cuenta de que estaban obviando, o dedicando muy poca energía, a sus necesidades superiores.

Mientras que cubrir las 4 necesidades fundamentales no contribuye a satisfacer las 2 superiores, esto sí ocurre al contrario.

La última necesidad, la de contribución, me permite satisfacer todas las demás: **seguridad**, porque me confirma que tengo algo para ofrecer a otras personas, a la vez que me siento **importante** para las personas a las que ayudo; al dar, **amo** y entro en relación con otras personas, lo que conlleva **variedad** asegurada; por último, al contribuir vivo experiencias que me ayudan a **crecer** y evolucionar.

Este análisis me lleva a concluir que, para disfrutar de una vida plena, debo priorizar cada día aquellas acciones que estén conectadas con mi **contribución** y **crecimiento**, con confianza en que, al hacerlo así, también voy a dar respuesta y satisfacer las otras cuatro necesidades fundamentales. Si no, corro el riesgo de sentirme como el "pollito sin cabeza".

Y en este punto te planteo una cuestión para indagar en torno a tu participación en la **creación** de la realidad que te rodea. Piensa en las **acciones** que sueles realizar a lo largo de un día cualquiera y observa qué **necesidades** parecen querer satisfacer. Una vez hecho, te pido que respondas a la siguiente pregunta para determinar qué necesidad (seguridad, variedad, importancia, amor/unión, crecimiento o contribución) es aquella a la que más sueles atender, consciente o inconscientemente. Recuerda respirar profundamente, con la mano en el pecho y los ojos cerrados para permitir que la respuesta venga a tu mente:

¿A cuál de las 6 **necesidades** dedico **más energía**?

Una vez que he definido a qué necesidad suelo dedicar más energía, es momento de analizar la **eficacia** de las acciones que emprendo.

En mi caso, hasta hace no mucho, gran parte de las **acciones** que realizaba no conseguían realmente los efectos que yo buscaba, o tan sólo los lograban de manera temporal, volviendo enseguida a sentir el mismo vacío y la misma necesidad. Por ello, ahora presto mucha atención para ver si las acciones que emprendo contribuyen de manera constructiva a satisfacer mis necesidades, ya que en muchas ocasiones mis acciones no sólo no las satisfacían sino que, incluso, eran **destructivas** para mí.

De nuevo te pregunto, a partir de la necesidad que ha resultado como respuesta de la pregunta anterior, es decir, aquella que más pareces querer satisfacer con lo que haces en lo cotidiano:

¿Mis **acciones satisfacen** la necesidad que siento?

Muchas personas no sienten que sus necesidades estén satisfechas y, aun así, repiten una y otra vez las acciones que su mente les señala como necesarias para cubrirlas, fruto de la **costumbre** y la **falta de consciencia**. Retomando una frase popularmente atribuida a Albert Einstein:

> "Locura es **hacer lo mismo** una y otra vez
> esperando **resultados diferentes**".

La verdad es que mi **cerebro** craneal, cuando me impulsa a **repetir acciones** que ya he realizado antes, no está buscando un resultado diferente, ni tampoco su objetivo es que yo sea superfeliz. Lo que busca es, básicamente, **mantenerme** igual que hasta ahora: ¡**Vivo**! Para mi cerebro es todo un logro si mañana sigo vivo, así que ahí es donde ha puesto durante años gran parte de su energía, como un hámster corriendo dentro de una rueda.

Sin embargo, ya ha llegado el momento de ir más allá de la supervivencia, de plantearme acciones significativas que me saquen de mi **zona de confort** y que faciliten mi felicidad, e incluso mi **longevidad**, teniendo como objetivo vivir mucho "**más allá de mañana**".

Los aprendizajes de las tres islas anteriores me indican el **camino**: observar mi mente y **liberarme** de las creencias limitantes; conectarme con mi felicidad y **amarme** de manera incondicional; vivir mis pasiones y mi vida con **propósito**. De esta manera, ya no es posible sentir falta de seguridad, variedad, importancia, amor, crecimiento y contribución...

4.2. NIVELES DE CONSCIENCIA

Tengo grabada en mi memoria una frase que mi hermano decía cuando era adolescente: "Yo soy una persona **tolerante**. Solo soy intolerante con quienes son intolerantes". Aquellas frases me obsesionaron durante un tiempo y entraba en un **bucle mental** con ellas: "¿Cómo puedo ser tolerante si no acepto a las personas intolerantes y, además, quiero que cambien y se comporten de modo diferente? Cada vez que hay alguien intolerante cerca, sale entonces mi parte intolerante y me convierto en una de ellas, así que yo también soy intolerante". Algo similar me ocurría con la idea de paz: me identificaba con el pacifismo, sin embargo, ante la sensación de ausencia de paz en el entorno, sentía en mí la necesidad de batallar y me convertía de **pacifista** en guerrero.

Querer ser tolerante y no serlo, de hecho, con parte de la realidad que nos rodeaba, querer ser pacifista y no vivirlo en lo cotidiano, eran **incoherencias** que mostraban con claridad el nivel de consciencia en el que nos encontrábamos mi hermano y yo. Suele resultar más fácil ver las incoherencias con la perspectiva del tiempo, como me ocurre ahora con las posturas tradicionales de los **bandos políticos** "rivales":

Critico el **aborto**... porque defiendo la **vida**
    ... ¿Puedo estar a favor de la pena de **muerte**?
Me importa la **infancia**... porque defiendo la **familia**
    ... ¿Puedo rechazar a mi hijo por ser **trans**?

Defiendo el aborto... porque creo en la libertad...
    ... ¿Puedo prohibir la maternidad subrogada?
Apoyo la diversidad... porque creo en la igualdad...
    ... ¿Puedo rechazar a quién no piensa como yo?

Conforme avanzo en el camino de la consciencia comienzo a descubrir **verdades absolutas**, a la vez que me libero de otras que no eran sino falacias. Para llegar a un nivel de **consciencia** es necesario haber transitado por los inferiores para integrar sus aprendizajes. Por tanto, **todos los niveles** son **necesarios** y útiles.

Recurriendo a la paz como ejemplo, en mi experiencia ha sido necesario vivir situaciones de violencia, como víctima y como verdugo, para apreciar todo el valor de la paz, para entender su verdadero significado y llegar a integrarla como un valor absoluto, asumiendo ahora que "**la paz es el camino**", como decía Gandhi.

De hecho, al nacer me bautizaron como "**Gonzalo**", un nombre de origen germánico cuyo significado etimológico es "**guerrero** preparado para la lucha". No fue hasta cumplir los cuarenta que sentí por primera vez que ya no necesitaba luchar: había superado el sino de mi nombre.

Hace pocos meses, al empezar a escribir este libro, decidí empezar a usar **otro nombre**. No porque estuviera "peleado con Gonzalo", pues precisamente el cambio de consciencia que estaba viviendo implicaba **aceptar y abrazarlo todo**, a la vez que empezaba a reconocer a mi yo verdadero. Así que no decidí deshacerme del nombre anterior: simplemente comencé a indicar en mi entorno cuál era el nombre que prefería usar a partir de ese momento, **Gonzalo-Félix Jawara,** desde la gratitud al "**Gonzalo**" batallador que me había ayudado a transitar por los anteriores niveles de consciencia y que a partir de ahora me acompañaría de otra manera. Surgió entonces la segunda parte de mi nuevo nombre **Félix Jawara**: "quien se siente **feliz** y ama la **paz**".

NIVELES "KEN WILBER"

Cada persona experimenta el presente desde su propio nivel de **consciencia**, que puede ir cambiando con el **tiempo**. Para tomar consciencia sobre mi propio nivel de evolución puedo comenzar por fijarme en los **cuatro niveles** planteados por **Ken Wilber**, psicólogo, filósofo y escritor estadounidense creador de la psicología integral:

1) Nivel **egocéntrico**:
   Sólo me importo yo, yo y yo.

2) Nivel **etnocéntrico**:
   Me importan quienes creo parte de mi tribu, país...

3) Nivel **mundocéntrico**:
   Me importan todas las personas, sin distinciones.

4) Nivel **cosmocéntrico**:
   Me importan todos los seres vivos, sin excepción.

Dentro de cada nivel hay diferentes **subniveles** e, incluso, una persona puede tener un nivel de consciencia habitual y, de manera puntual, experimentar otro más elevado.

A veces estas "**ventanas de oportunidad**" facilitan que la persona inicie un proceso de **elevación** de su nivel de consciencia, en otras ocasiones la persona "decide" interpretar la experiencia desde el nivel más bajo de consciencia, sin permitirse **evolucionar**. En tu caso, puedes responder honestamente a la pregunta:

¿Qué seres vivos me importan a mí?

Veamos ahora otra **clasificación** de los niveles de consciencia propuesta por **Michael Beckwith**, creador del término feli-disciplina:

1) Consciencia de **VÍCTIMA**:

"Da igual lo que yo haga, la vida es así de dura".
"El mundo la tiene tomada conmigo".
"Todo me pasa a mí".

Cuando me encuentro en este estado, creo que la vida ocurre sin mi participación ni intervención: "la vida me trata mal" y me siento **impotente**, incapaz de cambiar nada. En este estado siento una **desconexión** total con la vida y, por ello, bloqueo emociones como la esperanza, la alegría, el amor... Es un estado en el que básicamente siento **miedo**: en cualquier momento "va a ocurrirme algo malo y será inevitable".

2) Consciencia de **CREACIÓN**:

"Con pensamiento, palabras y actos creo mi realidad".
"Mis emociones atraen situaciones de energía similar".
"Yo puedo crear todo lo que deseo".

En este estado empiezo a reconocer el potencial creador de mi ser: "Yo **hago** que las cosas ocurran". Aquí ya reconozco mi responsabilidad y, por tanto, me empodero y me permito asumir mi papel de **co-creador** de la realidad. En este estado creo poder actuar sobre la vida y comienzo a prestar atención a mis emociones y a focalizar mis pensamientos, palabras y acciones en lo que deseo. Desde el ego, creo tener derecho a manifestar cualquier deseo, sin tener nada más en cuenta. El ego sigue al mando.

3) Consciencia de **CANALIZACIÓN**:

"La intuición me señala el camino que la vida prefiere".
"Confío en la vida y me permito fluir con ella".
"La vida actúa a través de mí".

En este nivel de consciencia ya he comenzado a **rendirme** ante la evidencia de que soy un instrumento de algo más grande que yo mismo: la vida. El ego suelta las riendas y la "desprogramación personal" es ya un hecho. Sin necesidad de comprender o racionalizar, en este estado realizo mi **propósito** de vida de forma natural, si bien no necesito saberlo: permito que las ideas inspiradas fluyan a través de mí en cada momento para caminar **paso a paso**. Aquí no hay prisa ni estrés, pues la vida decide y yo pongo mi ego a su servicio.

4) Consciencia del **SER**:

"Yo observo y participo de las sincronicidades".
"Yo soy uno con todo lo que me rodea".
"Yo soy la vida".

En este estado he superado la ilusión de la "separación" del ego. Aquí puedo sentir que soy lo mismo que cualquier otra persona, animal, planta u objeto. Siento la **unidad** con todo y, por eso, todo me parece perfecto, dentro y fuera de mí. Veo **sincronicidades**, causalidades y coincidencias por doquier. "El universo conspira a mi favor" y me invade la sensación de "suerte permanente", incluso cuando me ocurren situaciones que antes calificaba como negativas: Entiendo el lenguaje de la vida y lo hablo con soltura.

Ten en cuenta que, en un mismo día, puedo experimentar diferentes estados de consciencia, según las situaciones que experimente y las creencias que mi mente les asocie. Por ejemplo, puedo disfrutar del estado de consciencia del SER cuando admiro una **puesta de sol** y, al rato, si un niño **llora**, grita o patalea a mi lado, entrar de nuevo en modo VÍCTIMA.

Muchas personas suelen vivir en el estado de víctima, ¡algunas incluso cuando duermen! "¡Vaya **asco** de trabajo que me ha tocado! ¡Menuda pareja que tengo que **aguantar**! ¡Qué lata de hijo adolescente!". Resultado emocional: depresiones, rabia,...

Algunas otras personas, como yo hasta hace varios meses, viven habitualmente en la consciencia de CREACIÓN, asumiendo la **carga** de crear la propia vida, sintiendo estrés, ansiedad,... Sin embargo, la verdadera **libertad** empieza en los estados de CANALIZACIÓN y SER, al soltar las cargas del ego y abrazar la vida tal y como es.

Si estás leyendo este libro, tú ya no puedes estar en el nivel de víctima, aunque, es posible que de vez en cuando, de manera inconsciente, bajes de **visita** a esa zona más oscura. Te invito a hacerte la pregunta y definir tu nivel:

¿En qué **nivel** de consciencia **suelo vivir**?

Yo elijo, muchas veces inconscientemente, en qué nivel actúo, ya que mi elección está predeterminada por el tipo de temática o **asunto** que estoy abordando o viviendo, pues para cada tema y situación he adquirido y aprendido patrones de conducta y pensamiento específicos.

Esto puede ayudarme a detectar **bloqueos** y heridas internas que aún tengo, ya que, cuando me veo a mí mismo actuando en modo víctima, ese es un asunto clave en el que debo revisar y cambiar mis creencias.

Por ejemplo, antes era habitual en mí situarme en un nivel de creación o canalización en situaciones relacionadas con el activismo, el voluntariado y los derechos humanos; sin embargo, solía entrar en **modo víctima** al hablar del dinero, las instituciones o las empresas. Es evidente que tenía un **conflicto interno** con la abundancia y con el orden social, político y económico. Por tanto, para elevar mi nivel de consciencia, he tenido que inventarme **nuevas creencias** más acordes con lo que mi esencia me pide.

CAMBIAR DE NIVEL

La vida siempre quiere que yo evolucione y amplíe mi consciencia. Para ello me ofrece dos posibilidades, descritas en **japonés** con los términos *Kensho* y *Satori*:

SATORI

Momento de presencia total o **iluminación**, se refiere a las **experiencias intensas** con las que, ya sea a través del dolor o del placer, la vida me ilumina "**de golpe**" y mi consciencia se eleva sin posibilidad de marcha atrás: un accidente que me obliga a replantearme el sentido de la vida; la enfermedad "incurable" de algún familiar; un encuentro inesperado con alguien desconocido a quien me parece conocer de siempre...

KENSHO

Se refiere al **despertar gradual** que se produce en mí como consecuencia de mis **prácticas cotidianas**. Llega un momento en el que, al mirar hacia atrás, puedo observar el **cambio de consciencia** que se ha forjado en mí, paso a paso, sin necesidad de un gran evento.

Tras varias semanas practicando relajación mental, ejercicio físico y "afirmaciones positivas" en el espejo, llegó un día en el que pude notar la diferencia: mi nivel de consciencia había aumentado. Después incorporé el diario de gratitud y amor, la meditación y la sonrisa cotidiana y, al poco tiempo, volví a notar un nuevo cambio de consciencia en mi interior. Meses más tarde, comencé a prestar atención diaria y consciente a los latidos de mi corazón, relajando la respiración y la actividad mental: en unas semanas de nuevo **sentí el cambio**.

Sin duda, prestar atención a mi nivel de consciencia y a mis acciones cotidianas facilita mi evolución.

4.3. ELIMINAR BLOQUEOS Y SANAR HERIDAS

Las **plantas** han desarrollado diversos sistemas para preservar su linaje y por ello vienen **protegidas** por cápsulas de madera, vainas, cáscaras y capas de celulosa, tal y como hacen, por ejemplo, los frutos secos, las legumbres, las pipas y los cereales, respectivamente. Estas **barreras** dificultan la germinación cuando el medio aún no es favorable, y también evitan que la **semilla** sea digerida cuando un animal se la come, volviendo después a la tierra envuelta en el abono fértil de sus heces.

Además de **barreras** físicas, las semillas han elaborado otras de naturaleza **química** que provocan digestiones pesadas e impiden el aprovechamiento de toda su riqueza nutritiva: los **antinutrientes**. Basta con generar unas **condiciones** idóneas de humedad y calor para que los antinutrientes se neutralicen y la **semilla** quede **activada**, dispuesta a germinar y crecer. La semilla puede entonces desplegar todo su potencial, guiada por el calor y la luz. De hecho, para comer semillas germinadas, basta con poner la semilla en agua durante unas horas y dejarla después en un ambiente templado, simulando así los efectos de la lluvia y el sol en la tierra, para comenzar a ver cómo aparecen raíces, tallos y brotes.

A la mayoría de las **personas** nos ocurre algo similar, y a mí también: para protegerme del entorno, desde la infancia, fui creando **barreras** a nivel mental, físico y emocional. Luego empecé a sentir que esas barreras me **bloqueaban** y llegó el momento de deshacerme de ellas, desbloquear mi crecimiento y empezar a desarrollar todo mi potencial.

Tal y como vimos en la isla del aire, en mi mente mantengo creencias de todo tipo, conscientes e inconscientes, y algunas de ellas pueden estar en el origen de acciones autodestructivas que me impiden alcanzar mis metas y objetivos. A estas creencias las llamo **"bloqueos"**. A su vez, llamo **"heridas"** a aquellas circunstancias del pasado que se nos quedaron grabadas y cuyo impacto aún nos genera dolor interior, siendo, en ocasiones, la base misma de algún bloqueo. **Rechazo, abandono, humillación, traición e injusticia** son "Las cinco heridas que impiden ser uno mismo", según explica Lise Bordeau en su libro homónimo.

Mis heridas y bloqueos son **canales** perfectos a través de los cuales puedo recibir más luz y claridad en la vida: señalan el camino para **transformarme**. Sin embargo, no debería obsesionarme con buscarlos, pues la vida ya se encarga de ir mostrándomelos, paso a paso, siempre con una invitación a sanar y crecer. Cuando opto por vivir cada día con propósito, escuchando mi intuición y conectándome con mi paz, amor y felicidad interiores, la vida continúa **iluminando** mis zonas oscuras y **sombras** y, curiosamente, los **obstáculos** que antes parecían enormes ahora me parecen **fáciles** de superar.

Muchas personas, en cambio, aún ignoran su propia llamada interior y dedican el día a seguir **patrones** familiares, sociales y culturales que no les satisfacen completamente. Si durante años he transitado el **"camino tradicional"**, sin escuchar la guía de mi intuición, es posible que, al empezar a ser consciente de mi IKIGAI, el **miedo** se active en mí, porque "mis creencias" desconfían de ese nuevo camino que mi voz interior propone, un **camino auténtico, original y único**. Entonces el miedo me estará avisando de que tengo que cambiar mis creencias para poder avanzar.

El miedo se vuelve así nuestro aliado, al señalarnos los lugares de nuestra identidad a disolver y los bloqueos que superar. Aquí van algunos **miedos** habituales:

Miedo a crecer y evolucionar: estancamiento.
Miedo a tener reconocimiento: vergüenza.
Miedo a los cambios: inmovilismo.
Miedo a las decisiones: duda.
Miedo a no ser suficiente.
Miedo a ser culpable.
Miedo a la escasez.
Miedo al rechazo.

Por ejemplo, si he visto con claridad que el **trabajo** que realizo no está conectado con mi propósito de vida, tal vez sienta miedo al pensar en dejarlo. Lo mismo puede ocurrir si estoy estudiando una **carrera** universitaria en la que no me siento bien o si he descubierto que la relación de **pareja** en la que estoy no encaja realmente conmigo: al pensar en dejarlas probablemente se activará el miedo. Entonces, tengo la oportunidad de descubrir qué bloqueo y qué creencia lo mantiene: basta con prestar atención y podré oír en mi cabeza alguna voz del ego diciéndome cosas como estas...

"Yo no tengo nada especial que ofrecer."
"Yo no me merezco hacer lo que me gusta."
"Yo no valgo lo suficiente como para ser feliz."

Una vez haya oído en mí alguna frase similar a las anteriores, ya habré encontrado mi bloqueo y podré empezar a disolverlo. No se trata entonces de **echar a correr** y dejar el trabajo, la carrera o la pareja para demostrar que lo he superado. Más bien al contrario, cuando sentimos miedo lo más inteligente es **respirar**, mirar para adentro, aprovechar la oportunidad para comenzar a liberarse del bloqueo que el miedo nos señala.

Entonces, sólo entonces, con todo el poder de mi intuición liberado, podré tomar una **decisión consciente** sobre el siguiente paso a dar.

La vida nos suele **sorprender**, es una de sus cualidades maravillosas. Puede ser que, tras disolver mi bloqueo, empiece a disfrutar del trabajo, la carrera o la pareja que tenía, pues era mi propio bloqueo el que me impedía conectarme con la felicidad y **apreciar lo bueno** y positivo de lo que me rodeaba. O tal vez, por el contrario, al soltar aquello que me bloqueaba, descubra ante mí y con total claridad una nueva oportunidad laboral, de formación o de relación interpersonal.

DINERO Y ABUNDANCIA

Centrémonos en el dinero, y la abundancia que significa, pues ahí mucha gente parece tener un gran bloqueo. Yo lo he tenido durante mucho tiempo. Por favor, lee con atención las siguientes dos frases y descubre qué tipo de **emoción** surge en ti con cada una de ellas:

> Me encanta jugar y reír con **bebés**
> Me encanta ganar y gastar **dinero**.

Muchas personas de mi entorno, y yo mismo, solíamos sentir "asco" y "rabia" ante ideas como las que expresa la frase del dinero. En cambio, sentíamos "alegría" y "paz" con lo que asociamos con la de los bebés. Eso implica que, en mis creencias, ganar y gastar dinero era algo malo. Parecería como si alguien que muestre gusto por el **dinero** es una persona **materialista y egoísta**: esto es un prejuicio.

¿Y si ambas frases fueran de la misma persona?

Lee las siguientes frases que combinan las 2 originales: "Me encanta jugar y reír con bebés. Además, me encanta ganar dinero para gastarlo en proyectos solidarios y ecológicos". ¿Ha cambiado tu percepción sobre esta persona? ¿Ya no te parece tan "mala"?

Comparto aquí contigo mis creencias sobre el dinero, a la vez que te invito a anotar en tu bloc o cuaderno las **creencias** que surjan en ti al abordar este tema. Es posible que algunas de mis ideas **antiguas** coincidan con las tuyas, pues la mayoría forman parte del inconsciente colectivo y tienen su origen en la sociedad en la que nos hemos criado. ¿Alguna vez te has oído repetir estas frases en tu cabeza? Yo las he escuchado en la casa, en la radio, en la calle... y me las había creído:

"El dinero **corrompe**".
"**Hace falta** dinero para vivir".
"Para tener dinero hay que **trabajar duro**".
"Quien tiene mucho dinero lo gana
deshonestamente".

Si estas creencias fundamentaban mis acciones, está claro que mi **mente** ha intentado siempre que yo tuviera algo de dinero, pero no mucho. Esto **explica** porqué durante mucho tiempo me he empeñado en trabajar muy duro sin conseguir una gran cantidad de dinero, pues eso habría querido decir que yo me habría "corrompido".

Para cambiar mi comprensión sobre la importancia del dinero fue fundamental la experiencia cuando viví en la cabaña en el monte: allí descubrí que podía pasar semanas enteras **sin** utilizar **dinero**, comiendo frutas y frutos secos que encontraba en el campo. Era evidente que no era el dinero lo que me alimentaba, así que empecé a sentir que no lo necesitaba.

Al volver a la "civilización", meses después, calculé lo que "necesitaba" comprar cada mes en una tienda a granel del barrio para comer de forma sana y completa: descubrí que con 100 euros al mes era suficiente. A muchas personas les **relaja** realizar ese cálculo, pues se dan cuenta entonces de que no necesitan trabajar tanto o dedicar tantas horas a conseguir dinero. Te invito a hacerte la pregunta:

¿Cuánto dinero "necesito" yo al mes para "vivir"?

Las anteriores creencias en relación al dinero justifican lo que he hecho durante años a muchos niveles. Por ejemplo, los **talleres** que imparto a través de la Federación Arco Iris, siempre los había realizado de manera **gratuita**. Si alguna institución me ofrecía remunerarlos yo me sentía mal y buscaba excusas para evitar que "el dinero me corrompiera".

Esas creencias ya no tienen sentido para mí, especialmente ahora que sé que los talleres y charlas que imparto forman parte de mi propósito de vida. Ahora permito que la vida me recompense por hacer lo que me corresponde, con dinero y de otras muchas maneras: sigo haciendo talleres de forma gratuita y a la vez **solicito** que se paguen cuando la institución o entidad tiene **disponibilidad económica**.

Precisamente ahora que siento menos **apego** por el dinero, permito que llegue a mí con mucha más **fluidez**. Confío en que la vida, si sigo mi intuición y hago lo que me corresponde, me hará llegar todo el dinero que pueda necesitar para hacer lo que me corresponde. El dinero ha dejado de ser algo sucio para mí, y ahora lo considero un buen "amigo" con el que quiero llevarme bien.

Para superar mi bloqueo con el dinero hace varios meses escribí en un **papel** mis creencias limitantes sobre él y, por detrás, anoté varios recuerdos de la infancia en que esas creencias se habían afianzado, prestando especial atención a las emociones que sentía.

Recordé una conversación en la que mi padre y mi madre hablaban sobre la clase alta y la evasión de impuestos. Yo, que era muy pequeño, dije "¿Por qué habláis mal de la **gente rica**? Nosotros somos ricos: tenemos todo lo que queremos." Mi padre me miró como si yo fuera de otro planeta y añadió: "Nosotros somos clase media.... media-baja. No somos ricos, así que no digas eso porque no es verdad".

Poco tiempo después, en la comida familiar de un domingo, pedí comerme un segundo **yogur** a mi madre. Ella respondió con preocupación: "Sólo puedes comer un yogur a la semana. No tenemos dinero para comprar más". Sentí crecer los miedos de mi madre en mí: a la **escasez** de dinero, al futuro...

Mis creencias antiguas sobre el dinero eran pues: "no tenemos lo que queremos", "somos de **clase media-baja**" y "no nos gustan las personas que tienen mucho dinero". A continuación, en otro papel, escribí **nuevas creencias** que me parecen más ajustadas a mi manera actual de ver el mundo y las cuestiones económicas:

"El dinero es parte del intercambio de energía entre la gente".
   ... no es un fin en sí mismo, sino un medio más".
   ... me ayuda a realizar mi propósito de vida".
   ... me llega con facilidad y sin esfuerzo".
   ... puede facilitar cosas positivas".
   ... es bienvenido en mi vida".
   ... lo disfruto, sin apego".

Entonces me permití volver a las **creencias antiguas** para sentir las **emociones negativas** que las habían afianzado en mi mente: miedo, rabia, asco.... Las sentí vinculadas a esas experiencias, respiré, sacudí mis brazos, sonreí y agradecí los aprendizajes.

En mi mente, di las gracias a mi padre por haber facilitado aquel aprendizaje que me protegió durante años de la posibilidad de **obsesionarme** con la idea de ganar mucho dinero, y protegerme así de una de las trampas del **capitalismo**. También di las gracias a mi madre por aquella experiencia que me enseñó a apreciar y disfrutar de lo pequeño y evitar el **consumismo**: desde entonces saboreaba el yogur semanal de una manera mucho más intensa.

Finalmente me inventé e imaginé **nuevos recuerdos**, más acordes a mis nuevas creencias: mi padre cambiando su discurso y deseando, con tono calmado y conciliador, lo mejor a la duquesa de Alba y a **Lola Flores** en sus líos con Hacienda; mi madre, con alegría y despreocupación, explicándome la **suerte** que tenemos de poder disfrutar de un yogur a la semana. Al fin y al cabo, el pasado ya no existe y mis recuerdos los recreo yo.

Para terminar quemé el primer papel, el de las creencias antiguas, y puse el segundo en el **espejo del baño**, para leer en voz alta las nuevas creencias por la mañana, al medio día y antes de dormir, a la vez que sentía las emociones positivas que había elegido. Tras siete días había repetido las creencias 21 veces, suficiente para reforzar los nuevos enlaces neuronales.

Te animo ahora a realizar un proceso similar con alguna de tus creencias y bloqueos sobre el dinero, siguiendo los siguientes cuatro pasos:

Paso 1: **recordar** durante 2 minutos algún momento clave en los que esa creencia se vio reforzada y sentir las emociones negativas vinculadas a ella.

Paso 2: **respirar**, sacudir mis brazos con fuerza para soltar la carga emocional antigua y liberar la tensión.

Paso 3: **sonreír**, descubrir el aprendizaje en aquella experiencia y agradecerlo a quienes la protagonizaron.

Paso 4: **reconstruir** los recuerdos originales para que incorporen creencias más constructivas y positivas.

DETECTAR BLOQUEOS Y HERIDAS

La vida me muestra cada bloqueo en el momento justo en el que ya estoy preparado para tomar consciencia de él y superarlo y, para eso, utiliza mi **cuerpo emocional**. Cuando comienzo a sentir emociones negativas ante una situación determinada, ya sea en sueños o en la vida real, ahí tengo la información que necesito para **desvelar** mi bloqueo.

Si me siento mal y sigo sin entender nada, seguramente porque mis patrones mentales son demasiado rígidos todavía, entonces la vida me dará señales más intensas, precisamente las que necesito para comprender el bloqueo. El cuerpo emocional comenzará a influir en el físico y empezaré a tener **dolores**, molestias... Si, aun así, no descubro mi bloqueo, llegará el momento de la **enfermedad** como oportunidad máxima para entender aquello que me tiene bloqueado. Habré somatizado en el **cuerpo físico** mi incoherencia emocional. Esto me ha ocurrido a mí con el bruxismo, la tendinitis, los dolores de cabeza, en la rodilla derecha, en el pie izquierdo, en el ojo...

Ahora, en cambio, prefiero no esperar a la enfermedad, y **prestar atención** antes a mis cuerpos físico y emocional para ver qué información es la que la vida quiere que reciba ahora. Respiro profundamente, cierro los ojos, dejo que mi cuerpo me guíe y siento en qué lugar está ocurriendo algo que llama mi atención: a veces noto pulsaciones en un punto concreto, otras siento un dolor o un pinchazo en algún músculo... y entonces llevo la atención a ese lugar y pregunto qué es lo que me conviene saber ahora en relación a eso que acabo de descubrir. Te invito a preguntarle a tu cuerpo:

¿Qué información **me conviene saber** ahora?

Puedes buscar en internet la parte del cuerpo en la que te has fijado o, incluso, la enfermedad que padeces, junto a la palabra **"biodescodificación"**. Abre tu mente y corazón: permítete encontrar aquellas respuestas que sean para ti.

Nuestro cerebro craneal, con la ayuda de nuestro corazón, es tan poderoso que, constantemente, recibe información de lo que nos conviene saber, interpretando incluso la realidad exterior a nuestro favor. Es decir, también podemos detectar señales fuera, gracias a nuestro **Sistema de Activación Reticular** (SAR). Este sistema **filtra** la información y se centra en aquella que es realmente importante para el individuo. Por ejemplo: el SAR es en parte responsable de que yo oiga **mi nombre** en una sala llena de ruidos, que vea montones de **bicicletas rojas** justo cuando acabo de comprarme una de ese color o que me pareciera que el mundo estaba lleno de **mujeres embarazadas** justo cuando mi hermana me había dicho que lo estaba... El funcionamiento del SAR explica cómo es posible que, ante una misma realidad, cada persona pueda percibirla de forma distinta.

Situaciones típicas en las que el entorno me habla de lo que siento dentro: cuando enciendo el YouTube o la radio y la primera **canción** que escucho con atención habla justo de algo similar a lo que me está ocurriendo. Cuando paseo por la calle y, de manera fortuita, oigo una **conversación** entre personas a las que no conozco y que están "dando en el clavo" de lo que mi cerebro estaba buscando entender. Veo una matrícula de un coche con los cuatro **números** iguales, busco en internet su significado y descubro información relevante para mí. Seguro que alguna vez te ha ocurrido algo similar, y seguro que a partir de hoy prestas más atención a las señales que te llegan del entorno.

Por mis conocimientos en telecomunicaciones y sobre campos electromagnéticos, entiendo con claridad cómo cerebro y corazón, al igual que el resto de órganos de nuestro cuerpo, son **antenas** dispuestas a recibir y emitir energía a diferentes frecuencias. Recibimos toda la información que circula por el universo, sin embargo, dos factores determinan lo que percibimos e integramos: el primero es el nivel de **ruido** del entorno, es decir, qué cantidad e intensidad de información "basura" emiten los espacios y personas que me rodean; el segundo es la **frecuencia** a la que sintonizo mi antena y que corresponde a mi nivel de **consciencia**.

Si elevo mi nivel de consciencia, al superar un bloqueo y sanar una herida, estaré **aumentando la frecuencia** de las ondas que emito y recibo, y comenzaré a percibir e interpretar otras **realidades diferentes**, en sintonía con mi nuevo nivel. De esta manera empezaré a ver, sentir e intuir con más claridad que antes, lo que me permitirá detectar **nuevos bloqueos y heridas** pendientes de superar. Entonces, al superarlos, llegará aún más luz y claridad a mi existencia, y de nuevo estaré elevando mi nivel de consciencia.

En la **Cábala**, tradición mística judía, se explica que somos como una **vasija** capaz de contener **luz**. Cada vez que encuentro una **sombra** en el interior de mi vasija y la ilumino, mi vasija crece y, entonces, tengo más capacidad aún para contener luz. La luz es un símil del Amor, y el Amor es lo que se expande en mi interior cada vez que supero un bloqueo y sano una herida.

4.4. INSPIRACIÓN
DESPERTAR LA INTUICIÓN

Igual que una semilla, yo no sé hacia dónde debo crecer, sin embargo, en cuanto un bloqueo se disuelve, noto cómo comienzo a percibir y entender con más claridad, y descubro nuevas **señales** que me indican hacia dónde debo caminar. A esa capacidad de sentir y comprender las señales es a lo que llamo **intuición**.

En la carrera de ingeniería me explicaron que, para tomar la **mejor decisión** posible ante cualquier proyecto profesional, debía recopilar multitud de **datos** y valorar "todas" las opciones posibles, teniendo en cuenta diferentes criterios ponderados: coste-beneficio, tiempo de ejecución, impacto ambiental... Por el contrario, las semillas no se empeñan en valorar todas las direcciones y momentos posibles para germinar y, por lo que vemos en los campos, les va bastante bien.

Del mismo modo que las semillas, yo no necesito barajar todas las opciones ni recopilar tantos datos para tomar una decisión: me basta con permitir que la **intuición** me guíe, no sólo para tomar las decisiones, sino también para incorporar soluciones novedosas y abrirme a la **creatividad** a la hora de llevar a cabo los proyectos.

INTUICIÓN PADRE-HIJO

Recuerdo el día en que conocí a mi **hijo**. Había iniciado el "papeleo" para acoger en casa a un menor. Varios meses después, tras pasar entrevistas y tests psicológicos, me llamaron para hablarme del niño que querían proponerme para la **"acogida permanente"**.

Nuestro primer encuentro tuvo lugar en una heladería, para que el niño pudiera comer algo que le gustase y, así, se sintiera a gusto. La psicóloga que nos presentó se sentó en la mesa con ambos y tras un rato dijo mirando al niño: "Con lo mucho que tú hablas, ¡hay que ver lo tímido que estás!". Y entonces el "peque" aceptó el reto y se animó a proponer un **juego**:

"Yo voy a pensar un color y tú tienes que adivinarlo", dijo él mirándome.

"Vale", respondí yo, con la total certeza, por falta de autoconfianza, de que no iba a adivinar ni un color.

Cada vez que el peque decía "Ya", yo mencionaba en voz alta el color que me venía a la mente. Cinco veces seguidas el niño respondió diciendo: "**¡Sí, ese es!**". No me lo podía creer y pensé que se lo estaba inventando sobre la marcha: "Sea lo que sea lo que yo diga, él responde siempre lo mismo, aunque en realidad no esté acertando".

Llegó mi turno, me imaginé un color, dije "¡Ya!" y él se apresuró a decir el mismo color que yo había imaginado. Así ocurrió cinco veces en total. Yo estaba "flipando": él niño **acertaba** todos los colores que yo pensaba... así que tal vez era verdad que yo había acertado los que él había pensado. Aun así, volví a desconfiar y me dije "esto es el azar". Así que propuse a la psicóloga que ahora jugara ella. Ella pensaba un color y ni el peque ni yo lo acertábamos... ¡Ni uno!

Aquel día me fui para casa con la sensación profunda de que aquel niño y yo estábamos **conectados** de una manera muy especial. Y entonces me empecé a fijar en que aquello me pasaba también con otras personas: con mi amiga Marian, con mi madre...

¿Alguna vez ha sonado el **teléfono** justo cuando tú ibas a llamar a la misma persona que te está llamando?

¿Alguna vez has sentido lo que la otra persona estaba **sintiendo**, antes de que te lo haya dicho?

Mauro, el sobrino más pequeño de mi familia de origen, tiene ahora menos de 7 años y me resulta fascinante oírle hablar: propone ideas maravillosas desprovistas de miedos y bloqueos *egoicos*. Sugiere lo primero que se le ocurre, aquello que surge en el lado **derecho** del cerebro, el **instintivo**, sin pasar por el lógico y calculador lado izquierdo. Esta es una de las claves para seguir nuestra intuición: hacer caso de lo primero que se nos ocurre, antes de que la **lógica** nos haga **dudar**.

Eso sí, no se trata de coger lo primero que se me ocurre cuando estoy en un estado de alerta o intensa actividad mental: con todo ese ruido en mi cabeza me resultará muy difícil distinguir la voz de mi **intuición**. Es necesario disfrutar de un estado de relajación o calma para que mis **ondas cerebrales** tengan la frecuencia adecuada en la que la intuición se abre paso y puedo **sintonizarme** con ella.

ONDAS CEREBRALES

En la neurociencia se describen actualmente cinco tipos de ondas cerebrales, en función de su frecuencia y cada una se asocia a estados mentales diferentes:

- **Delta** - ondas en **sueño** profundo.
- **Theta** - ondas en sueño REM o calma profunda.
- **Alfa** - ondas en estados de **relajación**.
- **Beta** - ondas en actividad mental intensa.
- **Gamma** - ondas en estado de vigilia y **atención**.

En la **infancia**, entre los 0 y 7 años de edad, el cerebro opera básicamente con ondas **delta y theta**, estados en los que la **imaginación** se desborda, la realidad es multidimensional y el individuo experimenta **aprendizajes** rápidos. En ese estado es habitual disfrutar de pensamientos **intuitivos**.

En la edad adulta, en cambio, el cerebro suele funcionar con ondas **beta**, dificultándose la adquisición de conocimientos. De ahí viene la creencia de que el cerebro infantil es como una esponja que absorbe todos los aprendizajes con flexibilidad y rapidez, mientras que el de adulto es **rígido**.

Sin embargo, esto no tiene porqué ser siempre así: puedo llevar mi mente adulta a funcionar en un estado intermedio entre alfa y theta, posibilitando la **reprogramación** de mi mente y la conexión con mi intuición, por ejemplo a través de la relajación, la meditación y la autohipnosis. Otros elementos externos que pueden facilitar ese estado son la escucha de sonidos **binaurales** y de música de **Bach**, entre otras composiciones clásicas, y la ingesta, en infusión o en ensalada, de ciertas **plantas** de alta vibración: romero, salvia o albahaca...

TIPOS DE INTUICIÓN

En montones de ocasiones me ha ocurrido que, al dejar de prestar atención a un problema, es cuando se me ocurría una solución: me estoy duchando y, de repente, recuerdo dónde está un objeto que llevaba días buscando; me acuesto a dormir, tras una tarde entera intentando resolver un problema y, cuando me despierto por la mañana, sé la solución. En todos estos procesos interviene la intuición:

Mi **mente**, una vez que se encuentra en un **estado de calma** y sin la presión del "problema", es capaz de mostrarme la solución.

"**Intuición**" viene del latín "intueri" y significa "**mirar hacia dentro**". La intuición es el resultado de un conjunto complejo de procesos cognitivos, afectivos y somáticos en los que no hay intromisión aparente del pensamiento racional. Todas las personas disponemos de la capacidad de intuir: el poder de conectarme con mi sabiduría interior, en **coherencia** con mi esencia y mis **valores** más profundos. Además, utilizar la intuición me permite salirme de mis patrones habituales de pensamiento, encontrando **soluciones creativas** y novedosas a las situaciones que se me plantean.

En las investigaciones presentadas por el instituto *HeartMath* en el libro "La ciencia del corazón" se describen 3 tipos de procesos intuitivos:

1) Conocimiento **implícito**: informaciones que adquirí en el pasado y que, sin embargo, no recuerdo de forma consciente o, incluso, ni siquiera fui consciente de haberlas recibido. Por ejemplo, cuando entro a un lugar, mi vista recoge **millones de datos** que mi cerebro procesa. No soy consciente de la inmensa mayoría de la **información** que mi cerebro ha recopilado, sin embargo, ahí está, **disponible**.

2) **Sensibilidad** energética. El sistema nervioso es capaz de detectar y responder a **señales** del entorno, como por ejemplo las ondas **electromagnéticas** y el propio campo magnético del **planeta Tierra**. Por ello, muchas personas sentimos cuándo alguien nos está mirando fijamente y otras presienten, incluso, cuándo va a ocurrir un terremoto.

3) Intuición **no-local**. Se refiere a la capacidad de recibir y procesar información de **eventos** que ocurren en **otros lugares y** en otros **momentos**. Por ejemplo, cuando siento que algo le está ocurriendo a **algún familiar** que está a miles de kilómetros, o cuando noto que algo va a ocurrir y, efectivamente, ocurre. En varios experimentos realizados por el instituto *HeartMath* pudieron comprobar que el corazón humano puede detectar eventos futuros aleatorios.

DESBLOQUEAR MI INTUICIÓN

Teniendo en cuenta lo anterior, puedo decir que la intuición es, a la vez, una fuente de **inspiración**, un sistema de **conexión interpersonal** y la propia **conexión con mi SER**, así como un sistema de señales y avisos provenientes de **todo** cuanto me rodea.

La intuición me permite saber en qué personas y proyectos confiar y de cuáles, en cambio, debo alejarme, no basándome en estereotipos o prejuicios, sino en la guía que me ofrece el corazón.

Puedo percibir las señales de mi intuición con claridad cuando me siento feliz. La intuición funciona aún mejor cuando, además de sentirme **feliz**, tengo una **visión clara** de lo que deseo: en esos momentos reduzco al mínimo mi resistencia hacia lo que es, la realidad que vivo. En cambio, la intuición se bloquea cuando me obsesiono con lo que deseo y me empeño en querer decidir cómo y cuándo tiene que ocurrir lo que quiero.

Un elemento clave para desbloquear mi intuición es el **perdón**, pues me ayuda a liberarme de **cargas** que arrastraba en relación a situaciones pasadas, algo que ocurre, por ejemplo, cuando practicamos el perdón.

EL PERDÓN

En el momento en el que perdono todo lo que me aprisiona, la intuición despega. Perdonar es un ejercicio de **liberación** para quien lo practica, por tanto, no es necesario hacerlo por la otra persona, si bien puede que a ella también le siente muy bien e, incluso, inicie así su transformación. Perdonar es principalmente para quien perdona. Al perdonar me hago responsable de mi felicidad. De hecho, sienta tan bien perdonar que muchas personas, tras hacerlo, pierden peso y ven reducida la presión en su corazón.

Y la realidad es que puedo **perdonarlo todo**, por grave que sea: insultos, agresiones, abusos, asesinatos... Nelson Mandela perdonó a sus carceleros tras media vida en prisión. Igual yo puedo perdonar a mi ex, mi padre, mi jefa, mi hijo...

Hace dos años, en vísperas de **Navidad**, decidí enviar un mensaje personal por WhatsApp a todas las personas que sentía que me habían hecho algún **daño**. Para aquellas de las que no tenía forma de contacto, simplemente escribí el mensaje en una libreta. Porque al perdonar no necesito que me perdonen a mí, ni tampoco necesito decírselo realmente a la otra persona.

Te propongo retomar la técnica que aprendimos en el bloqueo sobre el dinero y la abundancia, ampliándola para practicar el perdón de una manera poderosa. Esta vez te invito primero a entrar en un estado alpha de meditación, relajando tu mente. Recuerda permanecer **poco tiempo** en el recuerdo de la **herida** para no entrar en una espiral de negatividad: las **emociones negativas** son nuestras aliadas, siempre que no les permitamos que nos invadan y controlen.

1. **Paz interior**: calmo respiración y mente, siento los latidos de mi corazón.

2. **Herida**: durante 2 minutos abro mi herida, revivo en mi mente la situación en la que alguien me dañó y me permito sentir con intensidad las emociones negativas.

3: **Gratitud**: respiro profundamente, sonrío y me permito descubrir y agradecer el aprendizaje de esa experiencia.

4. **Empatía**: vuelvo a respirar y me imagino qué es lo que llevó a la otra persona a hacer aquello: de qué forma la persona también fue dañada previamente.

5. **Perdón**: deseo, a partir de ahora, todo lo mejor para la otra persona y para mí. Me libero de la carga y la tensión antiguas sacudiendo mis brazos con fuerza.

Según concluyeron en un experimento realizado a partir de sondas cerebrales en Mindvalley, las personas que **perdonan** sintiendo previamente las emociones negativas con intensidad durante un breve lapso de tiempo, experimentan un **salto** significativo en su **nivel de consciencia** y en su capacidad para conectar con la intuición.

Veamos un símil: imagina que estoy de pie, dispuesto a dar un salto hacia arriba para tocar el techo; para asegurarme llegar más alto, doblo mis rodillas, me agacho para pillar impulso y finalmente salto con mucho más ímpetu. Del mismo modo, sentir las **emociones negativas** y soltarlas para empezar a producir las positivas genera un **impulso** que mejora nuestra actividad cerebral, aportándonos **claridad mental y calma**.

Claramente perdonar es de **valientes** y es un ejercicio que nos ayuda a **evolucionar**, a crecer y a ser más libres. Tras la **liberación del perdón**, la intuición funciona como nunca antes y puedo sentir la verdadera libertad, **sin miedo** a equivocarme. Ahora confío en la vida y en sus señales: todo parece **alinearse** y la vida me muestra cada día el camino. El perdón nos ayuda a deshacer bloqueos y sanar heridas antiguas.

Así pues, te propongo que perdones y te liberes. Elige hoy alguna persona que te haya hecho daño y permítete dejar de sufrir por aquello, recupera todo tu poder y crece gracias a lo que esa persona te hizo. Y mañana elije a otra. Y después a otra. Cuando haya pasado una semana te habrás liberado de **siete cargas** y habrás desarrollado el "músculo" del perdón consciente. Será entonces el momento de elegir a la persona que más daño te ha hecho, para liberarte también de ella. **Te lo mereces**. A partir de ahí sentirás una libertad total.

Si te apetece descubrir más sobre el poder del PERDÓN, te animo a investigar sobre el *Ho'oponopono*, una tradición hawaiana dirigida a la resolución de conflictos interpersonales en las tribus de las islas y que actualmente se utiliza como práctica de sanación personal en muchos lugares del planeta. Durante los últimos años trabajando como profesor utilicé algunos conocimientos de esta técnica para resolver conflictos que surgían en clase, adaptando al lenguaje juvenil sus cuatro expresiones clave:

Lo siento.
Perdón.
Gracias.
Te amo.

DESARROLLAR MI INTUICIÓN

Cada momento de la vida estamos tomando una decisión, aunque muchas de ellas nos parezcan sin importancia. Es en cada **decisión** donde puedo desarrollar mi intuición, escuchándola y siguiendo sus dictados.

Con el tiempo y la práctica, mis decisiones surgen más fácilmente desde mi intuición, pues cada vez presto **menos atención** a la verborrea mental de mi **yo egoico**, que empieza a dudar o que tiene una solución "óptima" predeterminada para cada situación, basada en el pasado.

Te propongo dos estrategias para empezar a **practicar** cuando sientas que tienes ante ti una decisión importante. Ahora mismo seguro que hay alguna decisión pendiente rondando por tu cabeza. Te invito a aprovechar el momento y hacerte la pregunta, eligiendo una de estas dos posibilidades para obtener la respuesta:

1... **ESCUCHAR A MIS MIEDOS** + GRATITUD

Me hago la **pregunta** en voz alta y permito que mi **mente** hable para ver así los **miedos** que tengo.

Pongo la atención en el pecho, escucho los **latidos** de mi corazón, calmo mente y **respiración**.

Pienso en algo por lo que puedo dar las gracias... siento la **gratitud**.

Permito entonces que sea mi SER quien hable y me dé la respuesta.

2... **CONSEJO IMAGINARIO** + GRATITUD

Elijo tres personajes actuales, históricos o de ficción para constituir mi Consejo Imaginario y utilizarlos como guías. Yo elijo a **Gandhi, Jesús y Lorca**. Con los ojos cerrados, los imagino delante de mí.

Veo el problema para el que quiero una solución, les que me aconsejen y escucho lo que me dicen, a la vez que me ocupo de sentir emociones positivas como la **gratitud**.

LA INSPIRACIÓN

Algo maravilloso empieza a ocurrir cuando acostumbro a mi mente a **escuchar a mi corazón**: el flujo de ideas inspiradas se instala en mi cabeza y la creatividad me invade. Es como si las **musas** me hablaran de forma permanente al oído o, mejor dicho, al corazón. La **inspiración** corresponde a ese momento de conexión, desde la paz y felicidad interiores, en el que mi intuición me habla de manera fluida, mostrándome una imagen clara en mi cabeza o una idea original que nunca antes había tenido. Para mí, un claro ejemplo de creador inspirado es **Leonardo Da Vinci**, un hombre abierto a disfrutar la vida y a recibir la inspiración de forma permanente para crear y transformar el mundo.

En el pasado he sentido muchas veces la **visita de las musas**, especialmente en momentos que antes describimos como de "estado de *flow*": al dibujar y colorear cuando era pequeño, al construir la cabaña de palets cuando me fui a vivir al monte, al impartir talleres sobre diversidad sexual... Sin embargo, parecía que esos momentos eran sólo algo **esporádico**, y que nunca podrían convertirse en habituales.

Desde que dejé de trabajar en el instituto de Algatocín hace tres meses, empecé a notar cómo la inspiración llegaba a mí prácticamente cada día durante periodos de una semana... y después me atascaba durante otro periodo de duración similar. Eso suponía un cambio muy significativo: podía empezar a confiar en que la **inspiración** me visitaría **periódicamente**, y ya no esporádicamente.

Hace dos semanas "pillé" una gripe. El mismo día en que empecé a sentirme mal a nivel físico, por la noche soñé con una gran **pelea** con mi hermano, similar a una que habíamos tenido en la adolescencia y en la que él acabó cortándose las **venas de las muñecas**. Aún no había sanado aquella herida de la infancia. Al día siguiente, tras meditar sobre el sueño y hacer el ejercicio del **perdón conmigo mismo**, por primera vez en la edad adulta mandé un audio a mi hermano:

"**Te pido perdón** por todas las veces que te desprecié, igual que hacían otras muchas personas en nuestro entorno. Ahora veo que tú me estabas mostrando el valor absoluto de la diversidad y la creatividad, frente a la rigidez que nos rodeaba. No me permití entonces ser auténtico y aceptarte a ti de la misma manera. **Ahora sí lo hago**. Me pareces un ser maravilloso, lleno de luz e ideas que el mundo espera que compartas."

Está claro que la **enfermedad**, de nuevo, me estaba mostrando bloqueos antiguos y me permití soltarlos. Al día siguiente empecé a tener mucha más claridad y a sentir la **intuición** más presente que nunca para tomar decisiones cotidianas: fui capaz de **expresarme con libertad** y decir en mi entorno aquello que mi corazón me pedía. Alguien se enfadó, otra persona se alejó y varias más mostraron su alegría al descubrir que me estaba permitiendo confiar en mi intuición.

Entonces me vino una **idea inspirada**: "Ya es el momento de escuchar el audio-libro que encontraste en agosto". Recuerdo el debate interno que mantuve. En realidad, era un **monólogo** de mi ego "protector": "No es momento de ponerte a leer otro libro. Te vas a despistar. Tienes que acabar el que estás escribiendo. Se te ocurren muchas tonterías últimamente. Usemos la mente racional. Tenemos muchos años de experiencia y mejor no caer en los mismos errores".

A la vez que escuchaba esa voz en mi cabeza, decidí tomar las riendas y practicar las técnicas del instituto *HeartMath* que te presenté en la isla anterior: reduje el ritmo de la **respiración**, focalicé la atención en la zona del **pecho**, autogeneré sensaciones de **calma** y positividad y activé en mi mente sentimientos de **gratitud** y amor.

Y, entonces, la voz se alejó y supe, de nuevo y con claridad, lo que me correspondía hacer: "escuchar el audio-libro", es decir, respetar los designios de mi corazón. Al comenzar a escucharlo me emocioné: sentí que algo se estaba abriendo en mi corazón, y ya no había marcha atrás. La **inspiración** prometía ser **continua** e imparable a partir de ese momento.

Así que te recomiendo ese libro: *"The surrender experiment"*, escrito por Michael A. Singer y publicado en 2015, se trata de una autobiografía sobre la necesidad de **rendirse** ante la vida para desarrollar la capacidad de vivir la inspiración cotidiana, tras observar la **"cháchara"** mental, distanciarse de ella y acostumbrarse a tomar las decisiones desde la intuición, y no desde la **argumentación** y las **"preferencias personales"**.

Sin duda, la inspiración me había guiado para escuchar en este audio-libro la información que necesitaba para terminar este viaje que estamos compartiendo.

Por todo lo anterior, si tú también quieres que la **inspiración** llegue a tu vida, te animo a **practicar a diario** las técnicas del instituto *HeartMath*, incluir en tu toma de decisiones cotidianas una de las dos **técnicas** que vimos en el apartado anterior para "desarrollar la intuición" y, especialmente, escuchar cada mañana la "**meditación de las 6 fases**": Amor, Gratitud, Perdón, Visión, Intención y Conexión. Creada por Vishen Lakhiani y disponible en castellano, en esta meditación guiada se me invita a recrear emociones positivas, soltar bloqueos y abrir el camino a mi intuición para permitirme tener una visión de vida, imaginar mi día y sentir el apoyo del universo.

4.5. VIVIR EL PRESENTE
EL PODER DEL AHORA

Termino este viaje en la isla de la TIERRA y la Libertad con la intención de vivir en ella, en el presente. En mis **alforjas** llevo, tomado prestado de las otras islas, aquello que me va a ayudar a vivir aquí y ahora, **desde la consciencia**, el corazón, la intuición y la inspiración, para facilitar mi *Kensho*:

Isla del AIRE:

La capacidad de entender mi mente y de soltar creencias antiguas, así como mi identificación con la personalidad: **liberación** del yo *egoico*.

Isla del AGUA:

La comprensión de mi "brújula" emocional y la habilidad de permanecer en sintonía con mi paz, amor y felicidad interiores: **feli-disciplina**.

Isla del FUEGO:

El descubrimiento de mi propósito de vida, para redefinir mi profesión a partir de mis pasiones y mi misión vital: vivir mi **IKIGAI** cada día.

En cada isla te propuse crear una tarjeta diferente, cada una llamada a facilitarte la práctica e integración de las enseñanzas de su isla. A continuación las recopilo y las amplío, incorporando además las técnicas del perdón que acabamos de aprender. Te animo a revisarlas, a completar las tuyas con aquello que quieras y a mantenerlas en un lugar visible, para que guíen tu toma de decisiones conscientes en el presente:

Por delante...

<u>RELAJACIÓN</u> MENTAL:
... inspiro-retengo-espiro-sostengo

<u>AFIRMACIONES</u>:   (Frente al espejo)
... Tú te mereces ser feliz.
... Tú eres sensible, valiente, inteligente...
... Tú te familiarizas con lo que quieres.
... Tú haces primero lo que menos te apetece.
... Tú creas hábitos saludables en 66 días.
... Tú te das recompensas tras el esfuerzo.
... Tú sí que vales y todo te va a ir bien.
... Tú me gustas. Te amo. Te halago.

Por detrás...

MI <u>IDENTIDAD</u>:
... No soy mis pensamientos, creencias, ideas...
... Yo soy quien los observa...

MI <u>MENTE</u>:
... siempre intenta ayudarme.
... se deja influir por lo que digo y pienso.
... prefiere aquello que le resulta familiar.
... siente placer al terminar tareas incómodas.
... es una máquina de hábitos y costumbres.
... se motiva con recompensas.
... le gusta recibir elogios y halagos.

TARJETA del AGUA: "Emociones y Feli-disciplina"

Por delante...

<u>SOY FELIZ</u>: me responsabilizo de mi felicidad.
<u>FELI-DISCIPLINA</u>: (A diario)
Al despertar, hora "Máscara de oxígeno":
... Me estiro, sonrío y recuerdo los sueños.
... 20': Agua + ejercicio físico + ducha fría.
... 20': Diario de gratitud + meditación.
... 20': Aprendo sobre algo que me apasione.
Agenda del día: ¿cómo quiero sentirme?
Desayuno o ayuno intermitente + paseo.
Frases en el espejo + contribuyo al mundo.
Por la tarde: Diversión, relax y descanso.
Por la noche: Sueño y descanso reparador.

Por detrás...

<u>EMOCIONES</u>: brújula, coherencia con mi ser
... Yo "no" soy mis emociones: miedo, rabia...
... Son "mías" y no son reales, son mis creencias.
... Siento, respiro, integro y suelto.
<u>AMOR</u>: ya está en mí. Compasión/gratitud.
... Amarme: me expreso y reconozco.
... No-apego: disfruto sin renunciar a nada.
... Pareja: amar es libertad. Te acepto tal cual.
<u>PAZ</u>: ya está en mí. Los 4 acuerdos:
... Soy impecable con las palabras.
... No me tomo nada de manera personal.
... No supongo nada... el 100% del tiempo.

TARJETA del FUEGO: "Ikigai e Intuición"

Por delante...

MI IKIGAI (mi propósito)
YO vivo con **VISIÓN**
... Experiencias, crecimiento y contribución.
YO vivo mi **MISIÓN**
... YO soy paz, verdad, libertad y conexión.
YO vivo con **PASIÓN**
... YO vivo en una eco-aldea con mi tribu...
... YO tengo complicidad y sexo en pareja...
... YO hablo en público, escribo...
... YO juego con peques, bebés...
... YO leo, aprendo, crezco...
Todo lo anterior...   ¡o incluso algo mejor!

Por detrás...

VISIÓN. ¿Qué visión me conviene ahora?
... ¿Qué dones quieren emerger en mí?
... ¿Qué aspectos me toca soltar ahora?
... ¿Cuál es el siguiente paso que debo dar?
INTUICIÓN. El corazón me guía:
... Relax + manos en el pecho.
... Preguntar al consejo imaginario.
... Escuchar mis miedos y pedir respuestas.
PERDÓN. Me libero desde la calma interior:
... Herida: 2 minutos, siento las emociones.
... Sonrío y agradezco el aprendizaje.
... Comprendo el daño y le deseo lo mejor.

Ahora, el gran reto es vivir el **presente**. De hecho, es lo único que puedo hacer. La vida no me permite vivir el pasado o el futuro. En esta realidad, solo el presente existe y puedo vivirlo, segundo a segundo. El "presente" es, por tanto, el "**regalo**" que me hace la vida: si vivo el presente, entonces disfruto y crezco. Para profundizar en esta idea te invito a leer un último libro. Pocos meses después de empezar a practicar Yoga, un amigo me recomendó que leyera "El Poder del Ahora", de Eckhart Tolle. No entendí casi nada de aquel libro.

Mi amigo me ofreció entonces su secuela: "**Un Nuevo Mundo, Ahora**". Y ahí entendí con claridad. Noté cómo mi percepción de la realidad se transformó de repente: *Satori*.

Yo puedo vivir el presente mientras escribo este libro, mientras juego con un niño o mientras riego una planta. También puedo vivir el presente cuando medito o miro el horizonte. Vivir el presente implica estar en el momento, alineando y sintiendo mis 5 cuerpos: físico, mental, emocional, energético y espiritual.

Si mientras como un plato de **lentejas** estoy pensando en los "cacharros" de la cocina que después tendré que lavar, no estoy viviendo el presente: mi cuerpo físico está haciendo una cosa mientras mi cuerpo mental hace otra. Y con toda probabilidad, mi cuerpo emocional me estará señalando la incoherencia.

Si decido **comer**, la vida me invita a dedicarme a comer y disfrutarlo: siento los sabores, veo los colores, huelo los aromas, toco con mis dientes, mi lengua e, incluso, con mis dedos, el alimento. Además, me abro a recibir la energía de la comida para ponerla al servicio de mi propósito y, a la vez, opto por sentir emociones positivas de alegría y agradecimiento hacia la vida, hacia quienes han participado en el proceso que ha llevado ese alimento hasta mis manos. Se trata de "Comer **conscientemente**", en el presente.

No puedo comer fuera del presente, pero si puedo hacerlo sin consciencia, y entonces me aprisiono en la mente, alejándome de la libertad y el disfrute de la vida. Igualmente, cualquier acción que decida emprender, inspirado por mi intuición, me conviene hacerla conscientemente.

Solía pensar que **lo que hago es muy importante**, ahora entiendo que aún **más importante es hacerlo desde la consciencia**.

Por eso, correr como un pollo sin cabeza, inconsciente, ya no tiene sentido para **seres evolucionados** como tú y como yo. Ya puedo vivir aquí y ahora, sin miedo al vacío, al silencio o a la oscuridad, porque ahora sé que la vida, el Amor, me guía. Sólo tengo que rendirme y construir mi destino, escuchando a mi corazón, HOY y cada día, porque hoy es el primer día del resto de mi vida.

GRACIAS.

Gonzalo-Félix Jawara
22/02/2020
Málaga

IDEAS FUERZA
ISLA DE LA TIERRA: "Libertad"

EL TIEMPO:
¿Corro como pollo sin cabeza y aun así me falta tiempo?
Desequilibrio: 80%, tareas urgentes; 20%, importantes.
Suelto, soy flexible y acepto los cambios en los planes.
Estoy presente en cada momento y siento mi cuerpo.
Disfruto de lo que estoy haciendo: no me quejo.

NECESIDADES HUMANAS:
Para vivir: respirar, beber, dormir y comer.
Supuestas necesidades, en realidad son instrumentos:
... dinero, móvil, coche, vivienda, trabajo, vacaciones...
Maslow: necesidades justifican acciones de individuos.
6 necesidades humanas, por Tony Robbins:
... 4 de base: seguridad-importancia-conexión-variedad.
... 2 superiores: crecimiento-contribución.
¿Mis acciones satisfacen mis supuestas necesidades?
Locura: hacer lo mismo y esperar resultados diferentes.

NIVELES DE CONSCIENCIA:
Necesario transitar por los niveles inferiores.
Todos los niveles son necesarios y útiles.
Ken Wilber: ego-etnia-mundo-cosmos.
... ¿Qué seres vivos me importan a mí?
Michael Beckwith: víctima-creación-canal-ser.
... ¿Todo me ocurre a mí, yo creo, canalizo o soy la vida?
Yo elijo mi nivel de consciencia, por temáticas.
Subir el nivel: Satori (iluminación) o Kensho (práctica).

ELIMINAR BLOQUEOS:
Plantas: semillas con barrera para protegerse.
Barrera se deshace en condiciones adecuadas.
Bloqueos: barreras a nivel mental, físico y emocional.
Heridas: rechazo-abandono-humillación-traición...
Bloqueos y heridas: canales para recibir luz y crecer.
Miedo: aliado, señala bloqueos y heridas a disolver.
Ante un bloqueo/herida: respirar y mirar para adentro.
Tomar una decisión tras disolver el bloqueo, no antes.
Bloqueo con el dinero (abundancia): nuevas creencias...
... energía, buen amigo, me gusta, doy y recibo.
Desbloquear: recuerdo-respiro-sonrío-reconstruyo.
Para detectar bloqueos: prestar atención a emociones...
... si no: dolores, enfermedades... (biodescodificación).
Al soltar bloqueos: subo mi vibración, veo otra realidad.
Sistema de Activación Reticular del cerebro: filtra info.
Cuerpo: antena, recibe ruido y frecuencias sintonizadas.

INSPIRACIÓN E INTUICIÓN:
Intuición: capacidad de sentir y comprender las señales.
Mejor decisión: no necesito todas las opciones y datos...
... la intuición me guía y me abre a la creatividad.
Ondas cerebrales: delta, theta, alfa, beta y gamma...
... sueño profundo, paz, relax, mente activa y atención.
Entre los 0 y 7 años: cerebro en ondas delta y theta...
... imaginación, aprendizaje rápido, ideas intuitivas.
En edades adultas: cerebro en ondas beta (pensando...).
Intuición: mirar hacia adentro. Tipos:
... datos implícitos, sensibilidad e intuición no-local.
Perdón: desbloquea, libera intuición, claridad mental...
... respiro + herida (sentir 2') + sonrío + agradezco +
... empatía (comprendo daño) + libero (deseo lo mejor).
Ho'oponopono: lo siento, perdón, gracias, te amo.

DESARROLLAR MI INTUICIÓN:

Escuchar mis miedos + gratitud.
Consejo imaginario + gratitud: Gandhi, Jesús y Lorca.
Inspiración: musas, ideas, imágenes, palabras...
Rendirse: decido desde la intuición e ideas inspiradas...
... distancia de cháchara mental y preferencia personal.
Meditación de las 6 fases, castellano: Vishen Lakhiani.

VIVIR EL PRESENTE:

Descubrir el poder del Ahora, utilizando las 3 tarjetas:
... del AIRE: mente e identidad. Liberación del yo.
... del AGUA: emociones y feli-disciplina. Amor y paz.
... del FUEGO: ikigai, con visión, misión y pasiones.
Presente = regalo. No puedo vivir pasado o futuro.
Alinear mis cinco cuerpos: "Hacer" conscientemente.
Mas importante hacer con consciencia que lo que hago.
Seres evolucionados: vivir aquí y ahora.
Hoy es el primer día del resto de mi vida.

INTEGRACIÓN
ISLA DE LA TIERRA: "Libertad"

Mi percepción del tiempo me ofrece una señal del nivel de consciencia en el que vivo. Subo mi nivel cuando vivo el presente, cada momento, sin prisa, dedicándome a lo importante, sintiendo mi cuerpo y disfrutando de cada cosa que hago.

También determina mi nivel de consciencia la importancia y el valor que doy a la vida en todas sus formas. Estaré en un nivel básico si vivo desde el egocentrismo, mirándome únicamente el ombligo. Voy subiendo de nivel de consciencia cuando empiezan a importarme también otros seres, sean o no de mi mismo país, se parezcan o no a mí, pertenezcan o no a la misma especie, estén cerca o lejos... Otro factor clave para entender mi nivel de consciencia es mi perspectiva hacia la vida: soy la víctima de la vida y todo me ocurre a mí, creo tener poder para crear, siento que soy un canal para que la vida se exprese a través de mí o soy consciente de que soy la propia vida.

Cuando vivo en un bajo nivel de consciencia, creo necesitar cosas, situaciones e, incluso, personas, que realmente no son necesarias para vivir, y esta creencia me puede generar ansiedad, miedo y frustración. Como humano, mis necesidades básicas son respirar, beber, dormir y comer. A partir de ellas, todo lo demás es opcional y puro disfrute, si decido vivirlo desde la alegría, la paz y el amor. Aunque no necesito dinero, trabajo, vacaciones, móvil, vivienda, coche,... sin embargo, tampoco necesito renunciar a estos instrumentos que pueden ayudarme a cubrir mis necesidades básicas.

A un nivel superior, para conectarme con mi felicidad interior, aparecen con claridad las necesidades de crecer y contribuir al mundo: es la llamada de mi corazón. Cubriendo estas necesidades puedo dar respuesta a otras que a veces siento, las de seguridad, importancia, conexión y variedad.

La vida me invita, a través de la guía que me ofrece mi cuerpo emocional, a detectar bloqueos y heridas para disolveros y sanarlas. El miedo se convierte por ende en mi gran aliado, pues me señala qué parte de mí debe cambiar, crecer y evolucionar. Así que, ante el miedo, respiro, siento, aprendo, integro y suelto. Cuando opto por no escuchar mis emociones e ignorar al miedo, entonces mi cuerpo me avisa de mi bloqueo o herida de una manera más obvia, con dolores, enfermedades... Así que, mejor prestar atención al cuerpo emocional antes de que se somaticen las señales.

Cada vez que limpio bloqueos y heridas, mi intuición se libera y expande, siendo más fácil escuchar la llamada de mi corazón. De hecho, mi corazón, al igual que todo mi cuerpo, es una antena que recibe ondas de todo tipo. En función de la frecuencia en la que lo sintonizo, recibiré unas u otras señales, y por tanto, en función de las señales que esté acogiendo percibiré una u otra realidad, de las múltiples que coexisten. Al liberarme de los bloqueos y heridas, especialmente a través de la práctica del perdón, me sintonizo a una frecuencia más alta y empiezo a percibir la inspiración que fluye en los niveles superiores de consciencia: la creatividad se desborda y las señales son claras y fuertes.

Desde la inspiración cotidiana, la paz mental, el amor incondicional y la conexión con mi felicidad interior, vivir el presente es la única opción sensata. Hoy cobra especial importancia, pues hoy es el día que puedo vivir.

RECURSOS ON-LINE
ISLA DE LA TIERRA: "Libertad"

Puedes acceder a los siguientes recursos a través de la página web **www.felixjawara.com**

MÚSICA POSITIVA. Para cerrar el viaje te recomiendo las 2 últimas canciones que, si quieres, pueden convertirse, como lo han sido para mí, en himnos diarios de empoderamiento y transformación personal:

Gloria Estefan – **"Puedes llegar"**
Los Aslándtidos – **"Mi primer día"**

PELÍCULAS. Te animo a ver dos largometrajes divertidos. La risa es una gran terapia para disolver bloqueos y sanar heridas:

"Monstruos SA" (Del Miedo al Amor)
"Ahora o nunca" (The bucket list)

AUDIO. Te propongo que te descargues el audio de una meditación para que la escuches cada día al despertar e iniciar así el día con la intención de ser la mejor versión de ti, creando tu visión de vida desde el amor, la gratitud y el perdón:

Meditación de las 6 fases
(Vishen Lakhiani)

Por último, aquí tienes la recopilación de las propuestas audiovisuales de las cuatro islas, por si te apetece volver a verlas y oírlas o recomendárselas a otras personas:

VIDEOCLIP
HollySiz: **"The light"** (niña trans)

CORTOS
"Yo soy tú" (La Ley del Espejo)
"Tu propósito" (Campaña de Adecco)

AUDIOS
"Ya no me veo"
"La Valentía" (Jeff Foster)
Meditación de las 6 fases (Vishen Lakhiani)

PELÍCULAS
"Shrek" ("Los ogros son como las cebollas")
"¡Rompe Ralph!" (Toca actualizarse)
"Del Revés" ("Inside Out")
"Trolls" ("Cantar, bailar y abrazar... ¡Felicidad!")
"Coco" (Quiero tocar la guitarra y cantar)
"Zootrópolis" (Quiero servir como policía)
"Monstruos SA" (Del Miedo al Amor)
"Ahora o nunca" (The bucket list)

CANCIONES POSITIVAS
Ana Torroja – "Sonrisa"
Axel – "Celebra la Vida"
Chenoa – "Todo irá bien"
Chayanne – "Madre Tierra"
Gloria Estefan – "Puedes llegar"
Carlos Rivera – "Amo mi locura"
Los Aslándticos – "Mi primer día"
Diego Torres – "Color esperanza"

OTRAS OBRAS DEL AUTOR

Recursos didácticos ideados y coordinados por Gonzalo-Félix Jawara a través de la editorial *Barbara Gittings de la* Federación Andaluza Arco Iris. Puedes acceder desde la página web **www.felixjawara.com**

"Libres e iguales. **Policía** y gestión de la diversidad"
... Exposición recomendada para el CNP, Guardia Civil, policías autonómicas, portuarias y locales, Ejército...

"**El armario deportivo** abre sus puertas"
... Exposición y guía didáctica recomendada para clubes y asociaciones deportivas y profesorado de EF.

"**Es natural**: diversidad familiar en el reino animal"
... Exposición y guía didáctica para centros educativos, desde infantil a bachillerato.

"**DD.HH.** y Diversidad Sexual y de Géneros"
... Exposición y guía didáctica sobre Derechos Humanos para la visibilidad con efemérides y personajes lgbti+.

"**Érase una vez**...el arco iris"
... Cuentos sobre diversidad: familias homoparentales, menores trans...

Otros títulos publicados con la participación del autor en diferentes editoriales:

Guía Didáctica "DDHH y Diversidad Afectivo-Sexual".
Editorial: **Amnistía Internacional** Publicaciones.

Guía contra la homofobia para centros educativos.
Editorial: **A Fortiori**.

Cuento Contracorriente.
Editorial: **A Fortiori**.

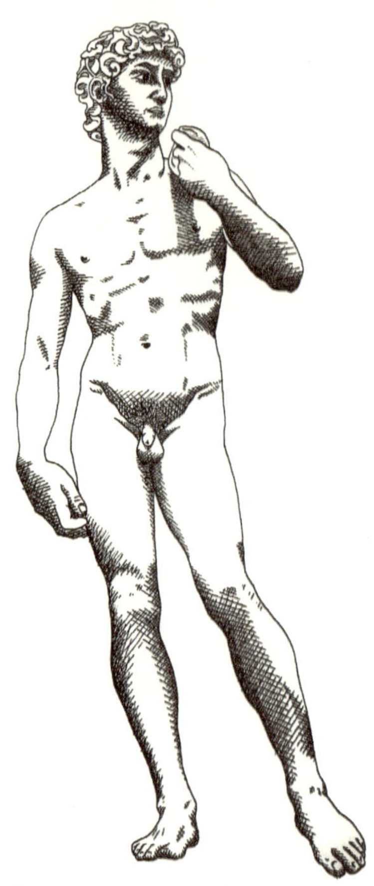

El hombre IKIGAI (1ª edición)
La felicidad de vivir con propósito
3 pasos para transformarse y cambiar el mundo
Ya disponible la 2ª edición publicada por Gonzalo-Félix Jawara con el título
"IKIGAI. La felicidad de vivir con propósito"

#IKIGAI
#vivirFELIZ
#VIVIRconPROPÓSITO
#vivirFELIZconPROPOSITO

Gonzalo-Félix Jawara
www.felixjawara.com
@FelixJawara (Twitter, Instagram y Facebook)